教育教学与人才成长
研究文库

高等工程教育改革背景下
学生的认知发展研究

Students' Epistemological Development in
the Context of Chinese Engineering Education Reform

朱佳斌 刘群群 著

上海交通大学出版社
SHANGHAI JIAO TONG UNIVERSITY PRESS

内容提要

工程人才认知发展水平是制约工程能力的重要因素。为探究工程教育改革对工程学生认知发展的作用，寻找有效工程教育实践，本书在现代认知理论的指导下，针对上海入选"卓越计划"的三所不同类型高校，综合分析了在校工程学生的认知发展现状及其影响因素，发现了工程教育改革进程中的问题，并提出了相应的对策。本书丰富了国内工程学生认知研究的相关理论，对我国工程教育的改革与发展具有较大的促进作用，可供高等教育和工程教育等相关领域的管理人员、研究人员、教师与学生阅读。

图书在版编目(CIP)数据

高等工程教育改革背景下学生的认知发展研究/朱佳斌,刘群群著. —上海:上海交通大学出版社,2021.11
ISBN 978 - 7 - 313 - 25480 - 1

Ⅰ.○高…　Ⅱ.①朱…②刘…　Ⅲ.①高等教育－工科(教育)－教育改革－研究－中国　Ⅳ.①G649.21

中国版本图书馆 CIP 数据核字(2021)第 191837 号

高等工程教育改革背景下学生的认知发展研究
GAODENG GONGCHENG JIAOYU GAIGE BEIJING XIA XUESHENG DE RENZHI FAZHAN YANJIU

著　　者：	朱佳斌　刘群群		
出版发行：	上海交通大学出版社	地　　址：	上海市番禺路 951 号
邮政编码：	200030	电　　话：	021 - 64071208
印　　制：	常熟市文化印刷有限公司	经　　销：	全国新华书店
开　　本：	710mm×1000mm　1/16	印　　张：	9.5
字　　数：	153 千字		
版　　次：	2021 年 11 月第 1 版	印　　次：	2021 年 11 月第 1 次印刷
书　　号：	ISBN 978 - 7 - 313 - 25480 - 1		
定　　价：	78.00 元		

版权所有　侵权必究
告读者：如发现本书有印装质量问题请与印刷厂质量科联系
联系电话：0512 - 52219025

总　序

　　教师和学生是支撑学校教育系统存在的主体,因此教师和学生一直都是高等学校最应该关注的群体,古今中外,概莫能外。先哲们的发现告诉我们,大学生的成长与发展会受到很多因素的影响,大到时代、环境、政治、经济、文化、科技;小到校园、教师、课堂、招生、考试、毕业;大学生既是个体的,也是群体的;人才成长与发展既有客观性,也有主观性……。正是在这个意义上,教育教学与教师和学生等不同类型的人才成长及规律探索,成为高等教育研究者和实践者关注的永恒主题。

　　当前,世界正在遭遇百年未有之大变局,国际形势的风云变幻深刻影响高等教育的内外部环境,进而影响教师与学生的成长与发展。作为研究者,我们不仅需要了解与把握教育教学与人才成长的基本规律,也需要保持对教育环境与条件变化的敏感性和专业性,在变与不变中取得平衡。同时,在我国经济更加开放、各种文化交流更加频繁之际,我们不仅需要把握国内高校教育教学与人才成长发展的状况,也需要了解世界范围内的相关进展与变化趋势,在比较中获取智慧。当前,从高等教育规模上说我国已经成为世界高等教育体系中的重要组成部分,但从研究者的责任和义务来说,向世界同行呈现中国案例、总结中国经验、贡献中国力量的努力等方面,还有相当大的空间。为此,亲历创建世界一流大学和一流学科过程的我们,愿意与国内外同行一起,为履行我们的责任和使命而贡献力量。

　　为了更好地向国内外学术同行及高等教育实践者传递和交流优秀学术研究成果,更充分地表达我们对教育教学与人才成长主题的关切,我们在已出版数年的"研究生教育丛书"的基础上,拓展改版为"教育教学与人才成长研究文库",希望能够继续得到国内外同行的关心、支持和鼓励，共同为探索新时期教育教学与人才成长发展规律贡献力量。

"教育教学与人才成长研究文库"将继续秉承"以人为本"的理念，携手海内外教育研究学者与实践工作者，围绕教育理论发展、教学改革实践、教师发展与建设、学生成长与发展等关键议题，以实证研究为特色，重点关注具有中国特色的人才成长模式、实践案例和规律探索，组织出版优秀学术成果，为建设高等教育强国、推介中国高等教育模式、壮大中国高等教育学派贡献力量。

"教育教学与人才成长研究文库"的选题主要包括：学情调查研究、教情调查研究、校本研究案例、教育教学与人才成长经典译著等。

《教育教学与人才成长研究文库》编辑委员会

2019 年 6 月

前　言

　　学生的认知发展是教育界广泛关注的议题。从个人基本的听说读写能力的发展到高层次的、对知识本质在认识论层面的反思，其中涉及了方方面面的研究，并产生了众多有价值的发现。本书关注我国高等工程教育改革的背景，不论是"卓越工程师计划"（2011），还是"新工科计划"（2017），其重点均涵盖了工科教育教学从理念到实践的多方位改革。这些多元的改革举措充分体现了工科特色，强调以学生为中心的理念、重视学生实践能力的培养，多方面地提升学生的团队协作能力、沟通交流能力等软技能。在这样的背景下，不同方面的教学改革举措会对工科学生的认知发展产生怎样的影响呢？分析与解决这个问题是本书的初衷。

　　本书的一作曾在由施普林格出版社 Springer 与高等教育出版社联合出版的 *Understanding Chinese Engineering Doctoral Students in U. S. Institutions* （2017）一书中，介绍了留美中国工科学生的认知发展。书中曾提到，这些留学生的认知发展深受美国高等教育体系及其特点的影响。而在中国当前高等工程教育改革的背景下，工科学生认知发展的情况是怎样的呢？他们的认知发展又会受到我国高等教育体系中哪些因素的影响呢？对这些问题的思考与分析进一步促成了本书的工作。

　　本书从开始构思到成书，前后花了几年时间。在此期间，我们遇到了各种各样的困难，幸得不少老师与同学的帮助，最终得以顺利完成这项工作，我们心中不胜感激。在此，特别感谢华中科技大学教育科学研究院教授、《高等工程教育研究》常务副主编余东升老师对本书内容的悉心指导。衷心感谢上海交通大学陈淑华老师、郑天一老师、岑逾豪老师、杨希老师、胡予同学、刘蓉蓉同学在成书过程中的大力协助,并感谢上海交通大学出版社易文娟老师在本书文字稿校对过程中的细致帮助。

　　本书的前期工作曾受到上海市哲学社会科学规划《面向"卓越工程师"培养的教学改革对学生认知发展的影响研究》(2014JJY003)的资助。在此一并感谢!

目 录

图目录

表 目 录

第一章 工程教育改革背景下的学生认知发展研究

第一节 全球工程教育发展趋势

在国际范围内,技术革新在促进工业进步与经济发展中扮演了核心作用。各主要工业国家纷纷推出下一步工业发展计划。德国率先提出"工业4.0计划",意图以信息物理系统与美国领衔的工业互联网抗衡,在下一轮工业制造变革中抢占先机。新一轮变革以"定制化生产""大数据处理"为特点,其系统复杂性、综合性、时效性与可持续性的考量对工程人才的技术创新和管理过程提出更高的要求。欧美发达国家为把握技术革新在引领经济发展与工业进步中的契机,加强重视工程人才队伍建设的理论研究与实践变革,主要工程人才培养院校纷纷试水各类工程人才队伍建设与培育计划。

美国工程院于21世纪初发布的《2020工程师:新世纪工程的愿景》《培养2020工程师:适应新世纪的工程教育》,奠定了其对新世纪工程师所应具备素质的基本要求,强调专业技术与职业能力的紧密结合,更加重视工程实践经验;工科学生在继续保持坚实的数学与科学基础的同时,应扩大人文、社会科学、经济与管理学的知识面,具备跨专业、跨领域的分析能力、实践经验、创造力、沟通能力、商务与管理能力、伦理道德、终身学习能力等[1][2]。与此同时,美国工程技术认证委员会(ABET)通过以EC2000(Engineering Criteria 2000)为标志的系列

---

[1] National Academy of Engineering(NAE). (2005). Educating the engineer of 2020. Retrieved Mar1, 2021, from http://books. nap. edu/openbook. php? record_id=11338&page=1

[2] NAE. (2004). The engineer of 2020: visions of engineering in the new century. National Academies Press, 47.

认证文件与相应程序,在美国大批工科院校中掀起了以成果为导向、持续质量改进为特色、重视工程实践能力的工程教育改革,其影响透过华盛顿协议等途径扩散至其他国家[1]。在大量高校重视工程教育改革的背景下,美国工科院校涌现了一批体现了不同教育特色的工程教育项目,如体现了跨院系学科整合的麻省理工学院新工程教育转型项目(New Engineering Education Transformation)[2][3],体现了社区服务式教学的普渡大学 EPICS(Engineering Projects in Community Service)项目[4][5],体现了项目驱动、实践创新的欧林工学院[6]等典型案例。此外,以广大工科教师为主体的工程教育实践者与研究者针对工程教育的培育目标、课程设置、教学方法等一系列的问题开展了广泛而深入的研究,从政策层面、管理层面、教学层面、评估保障制度层面试图采取基于实证依据、切实可行的措施,引导和保障政策措施的实施,以保证工程教育改革取得实效。

　　欧洲各国的工程教育改革与实践也不甘示弱。一方面,在全球工程教育成果导向牵引下,欧洲工程教育认证联盟执行委员会正式通过了《欧洲工程教育认证计划标准》(EUR-ACE 标准),从知识和理解力、工程分析、工程设计、调查研究、工程实践,以及可迁移技能等六个方面对工程教育项目所培养的工程人才能力提出要求[7]。同时,欧洲主要发达国家(如德国、英国等)开始将成果导向(Outcome-Oriented)的工程人才培养机制推广至硕士乃至博士层次,硕士层面的培养标准进一步强化了对工程实践能力以及其他职业技能,如领导能力、商业意识等的要求,一定程度上反映了国际高等工程教育人才培养的整体趋势,即以

① Prados, J. W., Peterson, G. D., & Lattuca, L. R. (2005). Quality assurance of engineering education through accreditation: the impact of engineering criteria 2000 and its global influence. Journal of Engineering Education, 94(1), 165 - 184.
② MIT. (2021). About the NEET Program. Retrieved Mar1, 2021, from https://neet.mit.edu/about
③ 刘进, 王璐瑶. (2019). 麻省理工学院新工程教育转型:源起,框架与启示. 高等工程教育研究, 179 (06), 168 - 177.
④ Coyle, E. J., Jamieson, L. H., & Oakes, W. C. (2005). EPICS: engineering projects in community service. International Journal of Engineering Education, 21(1), 139 - 150.
⑤ 雷庆, 苑健. (2015). 关注工程教育中的工程实践——美国"社区服务工程项目"评述. 清华大学教育研究(3), 57 - 63.
⑥ 李正, 林凤. (2009). 欧洲高等工程教育发展现状及改革趋势. 高等工程教育研究, (4), 37 - 43.
⑦ ENAEE. (2008). EUR-ACE Framework standards for the accreditation of engineering programs. Retrieved Mar1, 2021, from http://www.enaee.eu/wp-content/uploads/2012/01/EUR-ACE_Framework-Standards_2008 - 11 - 0511.pdf

符合经济全球化和国际化需求为特征的高层次工程教育人才需要同时具备硬性技能(知识和能力等)和软性技能(素养和态度等)①。另一方面,在全球工程教育改革浪潮中,欧洲也涌现出了独具特色的实践先锋。在学校层面的改革,丹麦奥尔堡大学在建校之初便推出以"问题为导向"(Problem-Based Learning,简称PBL)的教学模式,该模式注重不同学科知识和实际问题的融合,根据问题和项目的复杂性采取不同方法,课程体系强调关联性,包括将课程的理论元素嵌入特定的项目课程或者是项目课程与行业合作等,专注于学生能力和就业技能的培养。与未在学校层面实施PBL教学的大学相比,采用系统性PBL培养的大学的学生在团队合作、社会化、当代问题、人际交往、社会责任、设计、管理技能等方面更具有优势,不过在特定领域的工程和科学技能(如数学、数据分析、独立工作等)则相对不足②。在院系层面,英国伦敦大学学院(UCL)工学院实施了涉及工程学院内部十个系别的工程教育改革——综合工程计划(IEP)③,其以跨学科、场景化项目式学习为特色,体现了学科交叉的综合应用,培育学生的实践创新能力。荷兰代尔夫特理工大学航空航天学院则形成了以系统化、实践性、自主性与科学性为特点的项目式教学模式④。

从全球范围内的高等工程教育发展趋势来看,各主要发达国家在国家战略上都非常重视人才问题,把培养未来工程师作为重要战略目标。21世纪的工程师不仅需要掌握科学的工程基础知识,还需要具备独立思考,以批判性思维分析、判断、整合不同学科领域知识并解决实际问题的能力,同时还要具备良好的团队合作能力及沟通表达能力,具有环保意识和社会责任感⑤。

---

① 刘群群,朱佳斌. (2015). 欧洲硕士层次工程人才培养标准比较研究. 学位与研究生教育,(10), 71-77.

② Kolmos, A., Holgaard, J. E., &Clausen, N. R. (2021). Progression of student self-assessed learning outcomes in systemic PBL. European Journal of Engineering Education,46:1, 67-89.

③ UCL. (2021). The integrated engineering programme and how it works. Faculty of applied science engineering. Retrieved Mar1, 2021, from https://www. ucl. ac. uk/engineering/study/undergraduate/how-we-teach

④ 朱佳斌,张国洋,刘群群,张执南. (2019). 代尔夫特理工大学项目式教学的实践与启示. 高等工程教育研究,(03), 81-86.

⑤ NAE. (2004). The engineer of 2020: visions of engineering in the new century. National Academies Press,47.

第二节 我国工程教育教学改革

在国际工程教育改革的热潮中建立符合中国国情的工程教育改革与发展策略有助于提高我国人才的国际竞争力①。前期我国工程教育存在不少问题,如重理论、轻实践,高校与企业联系不紧密,实践教学经费不足;人才培养模式单一,工程教育定位不明确,学科专业划分过细,学生知识面太窄,缺乏工程实践的基础训练;培养层次、结构体系和人才类型与企业需求存在一定程度的脱节,缺乏综合运用知识解决工程问题能力的培养;供需矛盾日益突出,培养的毕业生实践能力不足,创新意识不强,专业面狭窄,所学知识陈旧,动手能力差,综合素质低下,适应性不强等②③。

为解决当前工程教育存在的问题,提高工程人才的培养质量,培养和造就一批创新能力强,具备国际竞争力和民族责任感的应用型、复合型人才,我国于2010年提出《国家中长期教育改革和发展规划纲要(2010—2020年)》(以下简称《纲要》),注重学思结合,营造独立思考、自由探索的创新环境,以培养学生社会责任感、创新精神和实践能力为核心,重点改革人才培养模式,形成创新人才培养体系④。为贯彻落实《纲要》,教育部提出"卓越工程师教育培养计划"(简称"卓越计划"),旨在以实施"卓越计划"为突破口,促进工程教育改革和创新,着力提高学生服务国家和人民的社会责任感、勇于探索的创新精神和善于解决问题的实践能力,全面提高我国工程教育人才培养质量⑤,培养面向工业界、面向世界、面向未来的创新复合型工程人才。在借鉴发达国家工程师认证标准的基础上,2013年,教育部、中国工程院发布了"卓越工程师教育培养计划通用标准"(简称"通用标准"),针对本科、硕士、博士三个层次的卓越工程师培养制定了不同的培养标准,期望各高校能够借鉴发达国家的改革经验,采用国际化的教学方

---

① 刘少雪. (2012). 工程教育改革的趋向探析. 清华大学教育研究, (04), 73-79.
② 李曼丽. (2010). 工程师与工程教育新论. 北京:商务印书馆.
③ 林健. (2013). 卓越工程师培养——工程教育系统性改革研究. 北京:清华大学出版社.
④ 教育部. (2010). 国家中长期教育改革和发展规划纲要(2010-2020年). 2021-03-01取自http://www.moe.edu.cn/publicfiles/business/htmlfiles/moe/moe_838/201008/93704.html
⑤ 教育部. (2011). 教育部关于实施卓越工程师教育培养计划的若干意见. 2021-03-01取自http://www.moe.gov.cn/publicfiles/business/htmlfiles/moe/s3860/201102/115066.html

式,聘用国际化的师资,加强国际交流与合作,重视产学研相结合,结合本民族和本校特色,制订具体的人才培养计划,从而培养符合要求的卓越工程师①②③④⑤。"通用标准"从职业道德、人文科学知识、理论基础知识、解决实际问题的能力、创新能力、职业发展及终身学习的能力、组织管理能力、沟通表达与团队合作能力、领导能力、国际化竞争与合作能力等方面对不同层级(本科、硕士、博士)学生的培养提出相应的能力要求⑥。

　　在"卓越计划"实施的基础上,为了应对新一轮科技和产业变革,2017 年,教育部先后发布了《教育部高等教育司关于开展新工科研究与实践的通知》⑦《教育部办公厅关于公布首批"新工科"研究与实践项目的通知》⑧《教育部办公厅关于推荐第二批新工科研究与实践项目的通知》⑨等文件,提出新工科建设战略行动,开展"新工科"研究与实践,探索建立新工科建设的新理念、新标准、新模式、新方法、新技术、新文化。在关于新工科建设的内涵、特征的探索与实践过程中,先后形成了"复旦共识"⑩、"天大行动"⑪和"北京指南"⑫。不少学者从宏观角度对新工科建设的内涵、路径进行了分析和阐释,认为新工科建设具有引领性、交融性、创新性、跨界性和发展性等特征⑬⑭⑮。

　　在全球工程教育改革浪潮和国内"卓越计划"与"新工科计划"背景下,各高校积极开展工程教育实践改革,从人才培养理念、课程设置、教学改革、师资队

① 林健. (2010). "卓越工程师教育培养计划"通用标准研制. 高等工程教育研究,(04),21 - 29.
② 查建中. (2008). 面向经济全球化的工程教育改革战略——产学合作与国际化. 高等工程教育研究,(01),21 - 28.
③ 查建中. (2008). 论工程教育国际化. 高等工程教育研究,(05),8 - 14.
④ 林健. (2010). "卓越工程师教育培养计划"学校工作方案研究. 高等工程教育研究,(05),30 - 36 + 43.
⑤ 林健. (2012). 面向世界培养卓越工程师. 高等工程教育研究,(02),1 - 15.
⑥ 林健. (2014). "卓越工程师教育培养计划"通用标准诠释. 高等工程教育研究,(01),12 - 23.
⑦ 教育部. (2017).《教育部高等教育司关于开展新工科研究与实践的通知》. 2021 - 03 - 01 取自 http://www.moe.gov.cn/s78/A08/tongzhi/201702/t20170223_297158.html
⑧ 教育部. (2018).《教育部办公厅关于公布首批"新工科"研究与实践项目的通知》. 2021 - 03 - 01 取自 http://www.moe.gov.cn/srcsite/A08/s7056/201803/t20180329_331767.html
⑨ 教育部. (2020).《教育部办公厅关于推荐第二批新工科研究与实践项目的通知》. 2021 - 03 - 01 取自 http://www.moe.gov.cn/srcsite/A08/s7056/202003/t20200313_430668.html
⑩ "新工科"建设复旦共识. (2017). 高等工程教育研究,(01),10 - 11.
⑪ "新工科"建设行动路线("天大行动"). (2017). 高等工程教育研究,(02),24 - 25.
⑫ 新工科建设指南("北京指南"). (2017). 高等工程教育研究,(04),20 - 21.
⑬ 林健. (2017). 面向未来的中国新工科建设. 清华大学教育研究,38(02),26 - 35.
⑭ 钟登华. (2017). 新工科建设的内涵与行动. 高等工程教育研究,(03),1 - 6.
⑮ 叶民,孔寒冰,张炜. (2018). 新工科:从理念到行动. 高等工程教育研究,(01),24 - 31.

伍、校企合作、国际化交流等方面进行积极探索和实践。例如,清华大学、汕头大学等高校在工程教学改革中,引入 CDIO 国际工程教育理念,在工程设计中贯穿构思(Conceive)、设计(Design)、实施(Implement)和运作(Operate)的理念,采用基于问题/项目的研究性教学方法,为学生营造"国际化、产学结合、做中学"的环境,通过师生互动学习,学生分组讨论、共同协作设计并解决实际问题,调动了学生自主学习与自我创新的潜力,重视学生知识、技能和素质的综合培养,打造具有高度社会责任感、人格健全、良好职业素质的国际化工程技术人才[1][2][3][4]。上海交通大学密西根学院借鉴美国 ABET 标准,参照密西根大学、普渡大学和斯坦福大学的相关做法,设计了一个以课程体系、教学目标与能力建设为要素的映射矩阵,从知识探究、能力建设和人格养成三个方面进行创新人才培养[5]。再如,同济大学车辆工程专业与上海大众、联合汽车电子等知名企业建立了"无缝对接"联合培养体制,探索创新实践型人才的培养模式,以适应行业的需求[6]。这些改革从不同深度、广度和强度提升学生专业知识与思维能力,强化了学生创新精神与实践能力,为分析工程教育改革对学生各项能力的影响提供借鉴与依据。

综合我国工程教育改革的现状,可以发现当前高等工程教育教学改革的趋势主要是回归工程实践,强调学科整合性和综合性,重视通识教育,重视人才的实践能力培养,从人才培养目标、课程体系和教学内容、教学方法、实践环节、国际合作与交流、师资队伍建设等方面进行全面改革。具体来说,工程教育改革的大背景下,我国高等工程教育教学改革具有如下特点:

从人才培养目标上说,在借鉴欧美发达国家人才培养标准的基础上,制定与本国国情相符的人才培养标准,培养具备跨学科、综合性知识、创新实践能力、团

① 顾学雍. (2009). 联结理论与实践的 CDIO——清华大学创新性工程教育的探索. 高等工程教育研究, (01), 11 - 23.
② 顾佩华, 沈民奋, 李升平, 庄哲民, 陆小华, 熊光晶. (2008). 从 CDIO 到 EIP-CDIO——汕头大学工程教育与人才培养模式探索. 高等工程教育研究, (01), 12 - 20.
③ 顾佩华, 包能胜, 康全礼, 陆小华, 熊光晶, 林鹏, 陈严. (2012). CDIO 在中国(上). 高等工程教育研究, (03), 24 - 40.
④ 顾佩华, 包能胜, 康全礼, 陆小华, 熊光晶, 林鹏, 陈严. (2012). CDIO 在中国(下). 高等工程教育研究, (05), 34 - 45.
⑤ 张申生. (2011). 引进创新 走向一流——上海交大密西根学院的工程教育改革探索. 高等工程教育研究, (02), 16 - 26.
⑥ 吴志军, 李晔, 曹静, 陈翌, 余卓平, 毕迪迪. (2012). 同济大学车辆工程领域全日制专业学位研究生校企联合培养模式的探索. 学位与研究生教育, (08), 36 - 39.

队合作能力以及社会责任感的终身学习型工程师①②；强调工程人才的分类培育，指引各类高校培养符合社会需求和国际化标准的不同类型工程人才。

从教学理念和办学模式上说，工程教育改革引入了以成果为导向教育（OBE）③，回归工程实践、加强校企合作等教育教学理念。具体来说，在校企合作中，企业与高校在联合科研创新、人才培养与交流、校园信息化建设等方面开启合作与探索，建设学生创新中心，支持学生以兴趣为导向进行学习和科研创新。校企合作不仅让学生有实训的机会，更有实习机会，让学生接触实际企业环境，了解企业职业道德和企业文化，在实际岗位中得到锻炼，这些改革措施对提升学生的实践能力、创新能力等发挥了重要的作用④。

从教学内容和教学方法上说，课内外教学更加重视采用先进的教学模式和方法（如基于问题/项目/案例的研究性学习、小组合作学习），重视"做中学"。通过启动研究导向型计划（如清华大学学生研究训练项目（SRT）⑤、上海交通大学本科生研究计划（PRP）⑥），以赛促学，借助互联网＋全国大学生创新创业大赛⑦、全国大学生机器人大赛等竞赛平台，让学生通过小组合作、亲身参与项目、问题和案例的解决过程，营造以学生为中心、以教师为指导的学习环境和氛围，提升学生掌握、理解、应用、分析、整合和评价知识的能力，增强毕业生团队合作能力、沟通交流能力、领导能力及责任感。

在国际合作与交流方面，重视工程教育国际化战略，对接国际标准培养工程人才，引进国际一流师资，营造国际化的校园环境，提供海外交流学习机会，与国际一流大学建立国际合作，组织学生参加国际实习、短期国际交流、国际服务学习项目以及国际会议等。通过丰富的国际合作与交流方式，培养学生的国际意识及全球化视野，提升跨文化交流能力，拓宽学生在国际学术前沿、跨国项目合

---

① 李正，李菊琪.（2005）.价值取向嬗变与理工科课程体系建设.高等工程教育研究，（04），40－43.
② 李正，林凤.（2007）.从工程的本质看工程教育的发展趋势.高等工程教育研究，（02），19－25.
③ 顾佩华，胡文龙，林鹏，包能胜，陆小华，熊光晶，陈严.（2014）.基于"学习产出"（OBE）的工程教育模式——汕头大学的实践与探索.高等工程教育研究，（01），27－37.
④ 林健.（2012）.校企全程合作培养卓越工程师.高等工程教育研究，（03），7－23.
⑤ 清华大学.（2014）.清华 SRT 计划，开启本科生科研之门.2021－03－01 取自 https://news. tsinghua. edu. cn/info/1003/27704. htm
⑥ 上海交通大学.（2014）.上海交通大学本科生研究计划（PRP）管理办法.2021－03－01 取自 http:// uitp. sjtu. edu. cn/innovation/plan/2014/0403/article_14. html
⑦ 教育部.（2019）.教育部关于举办第五届中国"互联网＋"大学生创新创业大赛的通知.2021－03－01 取自 http://www. moe. gov. cn/srcsite/A08/s5672/201904/t20190408_376995. html

作等方面的视野和能力,培育国际化的工程人才[1][2]。

第三节　工程教育改革背景下的学生认知发展研究

在工程教育改革背景下,以成果为导向的理念以及项目式教学等先进教学改革实践不断得到推广,这有助于改善工科学生在诸多方面的学习体验,从而优化其学习成效[3]。例如,汕头大学在教学改革实践中贯彻了 CDIO(Conceive、Design、Implement、Operate)工程教育教学模式,帮助学生熟悉复杂的工程系统知识和技术,在工程环境的团队合作中提升学生工程专业技能、团队合作能力和职业技能[4]。在工科学生提升基础数理知识、专业知识、工程实践能力以及培育其他软技能等过程中,认知发展水平是制约学生工程能力的重要因素。在工程人才的培养过程中,学生认知发展水平的提升有助于个体打破权威的束缚,积极主动地独立思考,以批判性思维建构知识,以创新性思维分析、判断和解决问题。处于认知发展高阶阶段的个体更容易具备工程专家所应具备的思维方式[5]。学生的认知发展离不开遗传因素和生理成熟,但同时也是学生个体在环境和教育影响下学习的结果。并且,认知发展水平不仅影响学生对学习内容的理解和把握,还影响学习方式、学习进程和学习质量,它能够促进有效学习的实现[6][7]。因此,研究工程教育改革下学生认知发展现状及影响因素,既有助于学生从个体认

[1] Zhu, J., Yang, B., Liu, Q., & Chen, B. (2015). International summer programs: an innovative learning platform in a Chinese context. In J. A. Rhodes, & M. M. Tammy (Eds), Advancing teacher education and curriculum development through study abroad programs. IGI Global Press.

[2] Liu, Q., Zhu, J., & Yang, B. (2015). Impact of international collaborative engineering education upon the epistemological development of Chinese engineering students. Paper presented at the meeting of the American Society for Engineering Education Annual Conference, Washington D. C.

[3] Zhu, J., & Zhang, G. (2020). One Belt One Road: an opportunity for Chinese engineering education to go global? In Wende, M., Kirby, W. C., Liu, N. C., & Marginson, S. (Eds), China and Europe on the New Silk Road: connecting universities across Eurasia. Oxford University Press.

[4] 顾佩华,胡文龙,林鹏,包能胜,陆小华,熊光晶,陈严. (2014). 基于"学习产出"(OBE)的工程教育模式——汕头大学的实践与探索. 高等工程教育研究,(01),27-37.

[5] Felder, R. M., & Brent, R. (2004). The intellectual development of science and engineering students. part2: teaching to promote growth. Journal of Engineering Education, 93(4), 279-291.

[6] Hofer, B. K., & Pintrich, P. R. (1997). The development of epistemological theories: beliefs about knowledge and knowing and their relation to learning. Review of Educational Research, 67(1), 88-140.

[7] 张洁,冯伟强,李云峰(编). (2010). 心理学. 北京:北京师范大学出版社.

识论层面实现认知思维的提升,从而更好地指导自身学习策略的选择以及各项
能力的提高和思维的创新,又能够帮助教育决策者及教师改善教学质量,完善人
才培养目标和要求,培养符合社会需求和国际化标准的工程人才。

　　鉴于认知发展理论对高等教育教学的理论意义与实践价值,它被广泛用于
大学各学科学生的认知发展研究中。2006 年,美国高等工程教育界在关于工程
教育作为一门新兴学科的研究日程制定的一篇特别报告中,将"工程学中的认识
论"列为工程教育五个重要研究领域之一。个体认知作为认识论的重要组成,其
理论模型也被广泛应用于工程教育研究中。

　　针对工科学生认知发展的研究,国外已经开展了四十多年理论探索和实证
研究。以威廉·佩里(William G. Perry)的大学生认识发展理论为代表的当代
个体认知发展理论模型已在西方(以美国为主)大学的各个学科教育中产生了重
要的理论和实践影响[1][2]。以佩里理论为先驱、以"发展"为核心概念的个体认知
发展理论模型在过去四十年中得到认知心理学界的普遍认可。不过,关于工科
学生认知思维方式发展的研究目前主要集中在西方国家。在我国,对现代认知
理论的引入主要是在心理学、教育学和其他社会科学领域。近年来,我国学者已
逐步开始介绍国外主要认知发展理论模型及其对我国教育现状的启示[3][4]。但
是,实际运用现代认知理论和相应测量工具分析和解释中国学生思维方式发展
趋势及规律的研究却属凤毛麟角。我国关于学生认知发展的研究主要集中在对
国外认知发展理论的总结和理论思辨,缺乏实证层面上对学生认知发展状况的
调查和分析以及探索工程教育改革下学生认知发展的影响因素。相比之下,国
外针对工科学生认知发展已经进行了近几十年的理论探索和实证研究。我国学
术界与工业界都亟待以现代认知理论为基础,以实证研究为手段,对工科学生的
思维方式及发展规律开展整体评估与深入探究,发展适用于中国国情的工科学
生思维方式发展规律及人才培养的理论模型。

　　结合《纲要》关于人才培养模式改革和人才培养体系创新的要求,本书以认

① Perry, W. G. (1970). Forms of intellectual and ethical development in the college years: a scheme.
New York.
② Pavelich, M. J., & Moore, W. S. (1996). Measuring the effect of experiential education using the
Perry model. Journal of Engineering Education, 85(4), 287 – 292.
③ 王婷婷, 吴庆麟. (2008). 个人认识论理论概述. 心理科学进展, (01), 71 – 76.
④ 喻平, 唐剑岚. (2007). 个体认识论的研究现状与展望. 心理科学进展, (03), 443 – 450.

知发展理论为框架,从多角度对当前我国工科学生思维方式趋势和本质特征以及发展规律进行了理论和实证研究,发展了适用于中国工科学生思维方式发展规律和人才培养的理论模型。

从章节组织上说,本书首先描述了不同类型高校的工科学生的认知发展现状以及影响认知发展的有关因素,进而总结工科专业中的有效教学模式。同时,具体分析教学改革成功案例,对有利于提升工科学生认知水平的教学实践进行总结和分析,归纳工程人才培养的有效模式。由于基于项目式教学在工程教育中受到的广泛关注以及其应用范围的日益拓展,本研究重点考察了教学改革中基于项目式教学法对工科学生认知发展的作用,以期对基于项目式教学法提供实证支持与实施建议。

从研究方法上来说,本书选取混合研究设计作为研究方法,旨在测量工程教育改革背景下工科学生认知发展现状,并在分析工科学生认知发展现状的基础上,进一步分析与学生认知发展现状相关的因素。混合研究设计通过将定量研究与质性研究相结合的方式进行数据的收集、处理和分析,有助于从更宽、更深的角度理解研究问题。顺序解说型混合研究设计作为最常用的混合研究设计的一种,分两个阶段收集并分析定量与质性数据,首先在定量数据收集、分析的基础上得出定量研究的结果,在此基础上,根据定量研究的结果,进行质性数据的收集,旨在对前期发现进行验证和升华①。具体来说,本研究采取顺序解说型混合研究设计,在定量研究阶段测量工科学生认知发展的整体现状,分析不同类型高校工科学生的认知发展现状,并初步分析影响工科学生认知发展的相关因素;根据定量研究结果进一步开展质性研究,通过半结构式深度访谈的形式,深入挖掘与学生认知发展相关的影响因素,特别是工程教育改革实践中与工科学生认知发展相关的影响因素。需要特别指出的是,本研究并不是追踪式研究,主要调研的是工科学生认知发展的一个纵切面现状分析,而非追踪式发展分析。

具体来看,本书第二章回顾了个体认知发展理论的历史沿革,总结和归纳了西方主要个体认知发展模型的演变历程、各认知发展阶段的主要特点和个体认知发展的一般轨迹。

第三章介绍了个体认知发展水平的测量方法。具体介绍了测量认知发展的

---

① Creswell J, W. (2012). Educational research: planning, conducting, and evaluating quantitative and qualitative research. England: Pearson College Division.

各个问卷工具,以及通过质性研究方法测量认知发展的过程。

第四章重点回顾了个体认知发展理论在工程教育领域中的实际应用,包括西方工程教育实践下工科学生认知发展的现状、工科学生认知发展的影响因素研究以及个体认知发展理论在中国学生中的应用。

第五章主要描绘了在工程教育改革背景下,不同类型高校中工科学生的认知发展现状。

第六章主要阐述了样本高校工科学生在不同认知发展阶段的特点,特别是认知发展高阶阶段(情境建构立场和承诺立场)的具体特征和表现,以及处于认知发展高阶阶段的学生在项目式教学环境中所展现出的一系列具有工程特色的思维方式和行为特征,深化了对工科学生认知发展现状的探索。

第七章主要分析了与认知发展高阶阶段相关的影响因素。与工科学生认知发展高阶阶段相关的诸多因素和工程教育教学改革和实践密切相关,其中重点突出了项目式学习对工科学生认知发展的影响,针对工程教育教学改革实践的相关因素分析有助于为进一步深化工程教育教学改革提供基于实证的建议。

第八章对本书的研究成果与研究意义进行了总结,并讨论了本书认知发展理论的应用研究对我国工程教育的启示。此外,本书提出了优化当前工程人才培养模式和教学改革实践的措施,为培养符合社会需求和国际化标准的创新型工程师人才提供基于实证研究的启示和建议。

第二章　个体认识论

　　人的认知过程是一个非常复杂的过程,是指人认识客观事物的过程,即对信息进行加工处理的过程,它由人的感觉、知觉、记忆、思维和想象等认知要素组成。思维作为心理发展的高级阶段,其过程包括分析、综合、比较、分类、抽象、概括、具体化和系统化等。关于认知的研究主要集中在对认知过程的研究、认知风格的研究、认知策略的研究以及元认知的研究[①]。

　　20世纪70年代,美国发展心理学家弗拉维尔(Flavell)提出元认知概念,认为元认知是个体对自身认知活动的认知,包括元认知知识、元认知体验和元认知监控三种心理成分。而元认知监控作为元认知最重要的部分,主要包括确定认知目标、选择认知策略、控制认知操作、评价认知活动并据此调整认知目标、认知策略和认知操作等环节[②]。在弗拉维尔研究的基础上,Kitchener和Kuhn分别从认知发展的不同层次定位认识论思维(见表2-1)。

表2-1　认知发展中的认识论思维[③]

三级认知处理模型(Kitchener, 1983)	元认识过程模型(Kuhn, 2000)
认知	元认知认识过程
元认知	元策略认识过程 • 元任务知识 • 元策略知识
认识论层面的认知	认识论层面的认识

---

①　张洁,冯伟强,李云峰(编). (2010). 心理学. 北京:北京师范大学出版社.

②　陈琦,刘儒德. (2007). 当代教育心理学. 北京:北京师范大学出版社.

③　Hofer, B. K. (2001). Personal epistemology research: implications for learning and teaching. Educational Psychology Review, 13(4), 353-383.

个人的认知主要涵盖个人的听、说、读、写等基本能力；元认知指的是个人监控和调节认知能力的过程，可进一步细分为元认知的认识过程（knowing that）和元策略的认识过程（knowing how）；认识论层面的认知则涉及了个人对"知识的局限性"、"知识的本质"以及"判断知识获得的标准"等内容的反思。

综合以上研究者关于认知发展的理解和研究，结合本研究的问题及目标，本研究关于认知发展指的是认识论层面的认识，即个体突破认知的表象，对知识的本质、知识认识过程的本质的思维判断及发展过程。

第一节 个体认识论的发展历史

个体认识论起源于皮亚杰（Piaget）关于儿童的认知发展的研究以及佩里关于大学生道德与智力发展理论的研究。关于个体认识论发展的研究主要包括：①以佩里等人为代表的关于个体对知识和认识过程的本质的信念的研究，他们认为个体认识论体现为个体认知发展的过程、发展的速度及结果；②以Schommer 为代表的个体认识的多立场信念系统，他们将个体认识论理解为是一个信念系统，将个体认知发展与学习策略及学习表现相结合①。

（一）佩里智力与道德发展模型

20 世纪 60 年代威廉·佩里（William Perry）基于对大学生智力与道德发展的兴趣，对哈佛大学学生认知发展进行了开放式实证研究。在 1954—1955 年，佩里编制了一份名为"教育价值测查表"（Checklist of Educational Values，简称CLEV）的问卷，以此为工具对 313 名大一学生进行了调查，并从中筛选出 31 名学生，其中包括 27 名男生和 4 名女生，进行访谈，并提出了大学生智力与发展模型。随后，在 1958—1959 和 1959—1960 年期间，佩里又以同样的方式对 85 名男性大学生和 2 名女性大学生进行了第二次纵向研究，并验证了自己所提出的大学生智力与道德发展模型。佩里认为大学生智力与道德发展是一个具有逻辑顺序的、连贯的过程，这一过程包括由低到高的 9 种立场（Position），它们分别

---

① Hofer, B. K. (2004). Epistemological understanding as a metacognitive process: thinking aloud during online searching. Educational Psychologist，39(1)，43.

是：①基本的二元性(Basic Duality)；②多元立场的前合理性(Multiplicity Prelegitimate)；③多元立场早期阶段(Multiplicity Subordinate)；④多元立场的高级阶段或情境建构立场的早期阶段(Multiplicity Correlate or Relativism Subordinate)；⑤情境建构立场相关、竞争、普及情况(Relativism Correlate, Competing, or Diffuse)；⑥承诺预见(Commitment Foreseen)；⑦承诺早期阶段(Initial Commitment)；⑧承诺内涵取向立场(Orientation in Implications of Commitment)；⑨承诺发展立场(Developing Commitments)[①]。卡尔弗(Culver)将佩里对大学生智力与道德发展的9个立场进行了归纳,分为了4个阶段,即二元立场(Dualism),包括立场1和2;多元立场(Multiplicity),包括立场3和4;情境建构立场(Relativism),包括立场5和6;情境建构立场的承诺立场(Commitment within Relativism),包括立场7、8和9(见图2-1)。

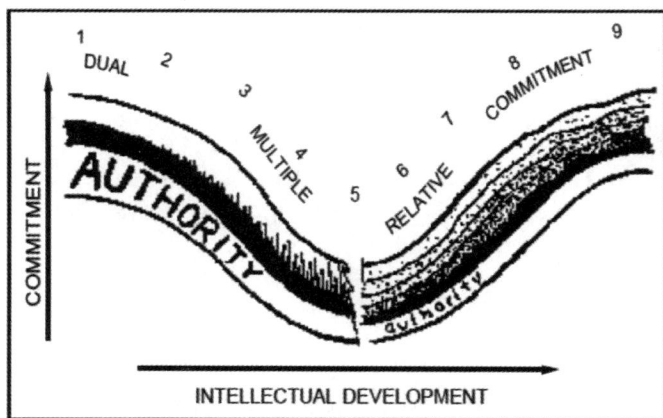

图2-1 佩里智力与道德发展模型[②]

1. 二元立场(Dualism)

二元立场包括基础二元性和多元立场的前合理性两个立场。在基础二元性立场上,学生在看待世界及事情的观点上只有对与错、黑与白之分,把教师当作权威,相信权威,按照传统规则、权威的观点解决问题,学生认为不存在选择性,

① Perry, W. G. (1970). Forms of intellectual and ethical development in the college years: a scheme. New York.

② Culver, R. S., & Hackos, J. T. (1982). Perry's model of intellectual development. Engineering Education.

更不需要判断。随着大学生活的展开，接触新的环境和生活，学生原有的思维受到挑战，开始向第二立场过渡，即多样性的前合理性。在此立场中，学生开始接受可选择的观点，但这些观点仍然来自权威们未达成一致见解的观点。

2. 多元立场（Multiplicity）

多元立场包括多元主义早期立场（Multiplicity Subordinate）和多元主义的高级立场或情境建构主义的早期立场（Multiplicity Correlate or Relativism Subordinate）。在多元主义早期立场中，学生承认多样性和不确定性是合理的，但仍是暂时存在的，并且仅存在于专家们尚未发现答案的领域。学生认为专家们评价学生表现好坏是主观的和带有偏见性的，此立场中的学生开始把所有的观点同等对待，即使做出判断也主要是依据自己的偏好。在多样性的高级立场或情境建构主义早期立场中，学生接受不确定性和多样性是合理的，并且是无处不在的。学生认为每个人都有表达自己观点的权利，开始挑战权威，开始怀疑证据或权威的观点的真实性，但仍然认为观点或者解释不能被客观地评价。

3. 情境建构立场（Relativism）

情境建构立场包括情境建构主义相关、竞争、普及立场（Relativism Correlate，Competing，or Diffuse），承诺预见立场（Commitment Foreseen）。在情境建构主义相关、矛盾、普及立场（Relativism Correlate，Competing，or Diffuse），学生接受所有的知识、价值观（包括权威）都是相对的，都具有情境性。有些知识仍然是绝对的或二元性质，即只有对与错之分。他们开始承认所有的观点并不能同等对待，知识要以论据和支持观点为基础，开始尝试通过证据判断哪一个是更有道理的。在承诺预见立场中，学生开始预见到活在相对主义的世界不可避免。在相对主义的世界中有大量的机会让自己做出推理和判断。然而，他们也开始意识到这样的判断是有局限性的，因此对于某种信念的委身或者承诺成为必须。

4. 情境建构立场的承诺立场（简称"承诺立场"）（Commitment within Relativism）

承诺指的是在情境建构主义世界中，对自己做出的选择的自我肯定的行为，这个自我肯定主要是通过在多种选择中做出自我的选择和判断，比如对职业的选择、婚姻的选择、信仰的选择、价值观的选择等。这些行为需要个体依据自己的信念做出自己人生中的选择，具备承担责任的勇气，能够接受人类的局限性，也包括自身通过推理判断而做出选择这一过程的局限性。情境建构主义承诺立场包括承诺早期立场、承诺内涵取向立场、承诺发展立场三个部分。在承诺早期立场中,学生开始在某些领域做出选择,比如职业的选择、价值观、宗教信仰等,并对生活中的某些领域承担责任。在承诺内涵取向立场中,他们开始体会到承诺和委身意味着什么。在作出选择的同时,他们开始探索与个人主观风格相符的方式。在承诺发展立场中,学生在做出了自己的选择与承担相应的责任的同时,不断明确了自我,一个更加成熟的自我。他们意识到承诺与委身是需要一生中需要不断进行的,而命运仅有部分掌握在自己的手中。

(二) 女性认知方式发展模型

Belenky 等人在佩里道德与智力发展理论模型的基础上,通过对来自不同背景、不同年龄(16～60 岁)、不同阶层的 135 位女性(包括学生和职业女性)进行长达 5 年的质性研究,了解女性在认识自我、自我与他人之间的关系以及自我对知识和价值观的理解和立场,并提出女性认知发展模型。他们将女性认知的方式分为 5 个阶段:

沉默阶段(Silence),即完全听从外部的权威,处于被动地位,女性表达自己的想法和观点时非常困难,常常失去自我。

接受知识阶段(Received Knowledge),即相信权威,类似于佩里道德与智力发展理论的二元立场,在表达观点的时候,不能表达自己的想法,而只是对别人的观点进行陈述,简单记忆知识。

主观知识阶段(Subjective Knowledge),即女性开始接受自己有权利发表自己的想法和观点,承认不必遵循权威,而是要谨慎对待各种观点,认为真理来源于自我,知识是主观的,通过直觉思维获得知识,此阶段与佩里道德与智力发展理论的多元立场相似。

程序知识阶段(Procedural Knowledge),即认知是一个过程,知识的获得需要进行客观系统的思维,需要仔细观察和分析。此阶段包括独立认知(Separate Knowing)和关联认知(Connected Knowing),独立认知者能够抽离个人感情,能够认识到权威及自己的观点都有可能是错误的,通过批判性思维和科学的方法检验分析知识本身,重在批判性和客观性。关联认知者认为,知识的价值来自个体的经历,通过对话聊天的形式与他人建立信任,希望了解其他人关于知识的理解和想法。

建构知识阶段(Constructed Knowledge),即个人认识到知识和真理是情境性的,个体既是参与者,又可以对知识进行建构和重构①。

(三) 认识论反思模型

Baxter Magolda 在总结和分析佩里道德与智力发展理论模型以及 Belenky 等人的女性认识方式发展模型的基础上,通过对 101 位大学一年级的学生(51 名女生和 50 名男生)进行 16 年的追踪访谈,了解学生对知识、自我、人际关系的看法以及对自身信仰和人生的规划,提出个体认识论反思模型,认为男女整体认知发展模式相似。她认为个体的认知发展具体可分为四个阶段:绝对的认知者(Absolute Knower),即知识是确定的,相信权威;过渡期的认知者(Transitional Knower),即承认某些领域的知识是确定的,发现权威也有不知道的答案,接受知识的不确定性;独立的认知者(Independent Knower),即承认知识的不确定性是普遍存在的,自己拥有的观点相比权威、老师的同样有效;情境的认知者(Contextual Knower),即知识在本质上具有不确定性,根据情境判断和评价知识和观点②。Baxter Magolda 的认识论反思模型的各个阶段与佩里的各个立场具有一定的对应关系③。

(四) 认识论反思判断模型

King、Kitchener 在总结和分析 Dewey、Piaget、佩里等学者对认知发展的观点的基础上,对 1500 名青少年进行了 10 年的跟踪调查访谈,了解他们对知识的本质、局限性和确定性的看法的转变,这些转变对他们批判性、反思性思维发展的影响以及与从青少年到中年成长建构过程的关系,在此基础上提出认识论反思判断模型(Reflective Judgment Model)。认识论反思判断模型包括三个发展阶段,即前反思思维(Pre-reflective Thinking)、准反思思维(Quasi-reflective Thinking)和反思思维(Reflective Thinking)。前反思思维又包括三个阶段:第

①　Belenky, M. F., Clinchy, B. M., Goldberger, N. R., & Tarule, J. M. (1986). Women's ways of knowing: the development of self, voice and mind. New York: Basic Books.
②　Baxter Magolda, M. B. (1992). Knowing and reasoning in college. San Francisco: Jossey-Bass.
③　Baxter Magolda, M. B. (2004). Evolution of a constructivist conceptualization of epistemological reflection. Educational Psychologist, 39(1), 31 - 42.

一阶段,个体认为知识是简单的、绝对的、确定的,所有问题都只有一个正确的答案;第二个阶段,个体认为知识是确定的,但是需要通过直接的观察或权威提供;第三个阶段,个体认为知识是确定的,某些领域存在暂时不确定的知识。准反思思维包括第四和第五阶段。第四阶段,个体认为知识是不确定的,即开始承认知识获得过程的不确定性;第五阶段,每个人都有自己的观点,来源于内部个体而不是权威,开始将证据与知识的推理相联系,但是却尚未将推理整合形成结论或判断。反思思维包括第六和第七阶段。第六阶段,个体认为知识是具有情境性的,需要综合各种信息对不良结构的问题进行积极建构,必须结合情境理解、判断和评价;第七阶段,个体对知识持有开放的态度,能够灵活地运用证据和推理支持自己的判断和评价,并选择最合适的解决问题的方案[①]。

(五) 论证推理模型

Kuhn 对不同年龄段共 160 人进行了质性访谈,探究个体对不良结构问题的推理论证过程,并提出论证推理模型,包括三种类型:绝对主义者(Absolutists),即个体认为知识是确定的、客观的,相信权威;多元主义者(Multiplists),个体开始接受观点的多样性和不确定性,所有的观点都具有同等地位,自己的观点与专家的观点可能同等有效;评价主义者(Evaluative),个体同样否定知识的确定性,知识是可比较的,真理可以被修改,互相冲突的观点可以相互交换[②③]。Kuhn 的认证推理模型虽然没有形成一个认知发展理论模型,却将认知发展理论与推理相联系,思考、评估、判断和推理的技能体现了个体认知发展的水平[④]。

(六) 认识论多维信念系统模型

Schommer 采用了多种信念组成的多立场信念系统来描述个体认识论,系

① King, P. M. , &Kitchener, K. S. (1994). Developing reflective judgment: understanding and promoting intellectual growth and critical thinking in adolescents and adults. San Francisco: Jossey-Bass Higher and Adult Education Series.

② Kuhn, D. (1991). The skills of argument. England: Cambridge University Press.

③ Kuhn, D. (2001). How do people know? Psychological Science, 21(1), 1 - 8.

④ Hofer, B. K. ,& Pintrich, P. R. (1997). The development of epistemological theories: beliefs about knowledge and knowing and their relation to learning. Review of Educational Research, 67(1), 88 - 140.

统内部各信念是相互独立的,发展不一定同步,个体可能同时拥有成熟和不成熟的认识论信念。她将认识论信念系统分为五个独立的立场:①知识的稳定性(知识是固定不变的——知识具有情境性);②知识的结构(知识是离散的事实——知识是整合的信息);③知识的来源(知识是从外部权威那里得来的——知识是通过个体推理而得来的);④学习的速度(学习是一个快速的过程——学习是一个渐进的过程);⑤学习的能力(认为个体能力不变——认为个体能力可以改变)。她将认识论层面认知与元认知层面的内容,如元策略等也放在认识论多维信念系统中①。但是,由于这些立场隶属于个体认知的不同层面,是否能共同形成一个信念系统则未可知。此外,Schommer 发现,个体认识的多立场信念系统的内在各立场发展之间存在不一致性,这进一步说明这些立场是否真实地具备系统性尚未可知。不过,Schommer 运用定量的方式测量个体认识论的不同立场,并发现了部分立场对学习策略和理解具有显著影响,对理解个体认识论仍具有重要实践意义②。

第二节　个体认识论的发展趋势

关于个体认识论发展的研究主要是研究个体在其成长过程中的认知发展趋势。佩里的道德与智力发展模型的研究对象只是男性,于是 Belenky 等人在佩里理论的基础上,对女性认识方式进行了质性研究。Baxter Magolda 在佩里和 Belenky 等人的研究的基础上,对不同性别的群体的认识论发展现状进行了质性追踪调查。King 和 Kitchener 的认识论反思判断模型以及 Kuhn 论证推理模型关注点转移到反思判断和推理技能与个体认识论发展的关系上。笔者认为,他们的研究发现都验证了佩里个体认识论发展的轨迹,即二元立场—多元立场—情境建构立场的过程(见图 2-2)。

① Schommer, M. (1990). Effects of beliefs about the nature of knowledge on comprehension. Journal of Educational Psychology, 82(3), 498-504.
② Zhu, J., & Cox, M. F. (2015). Epistemological development profiles of Chinese engineering doctoral students in U. S. institutions: an application of Perry's theory. Journal of Engineering Education, 104, 345-362.

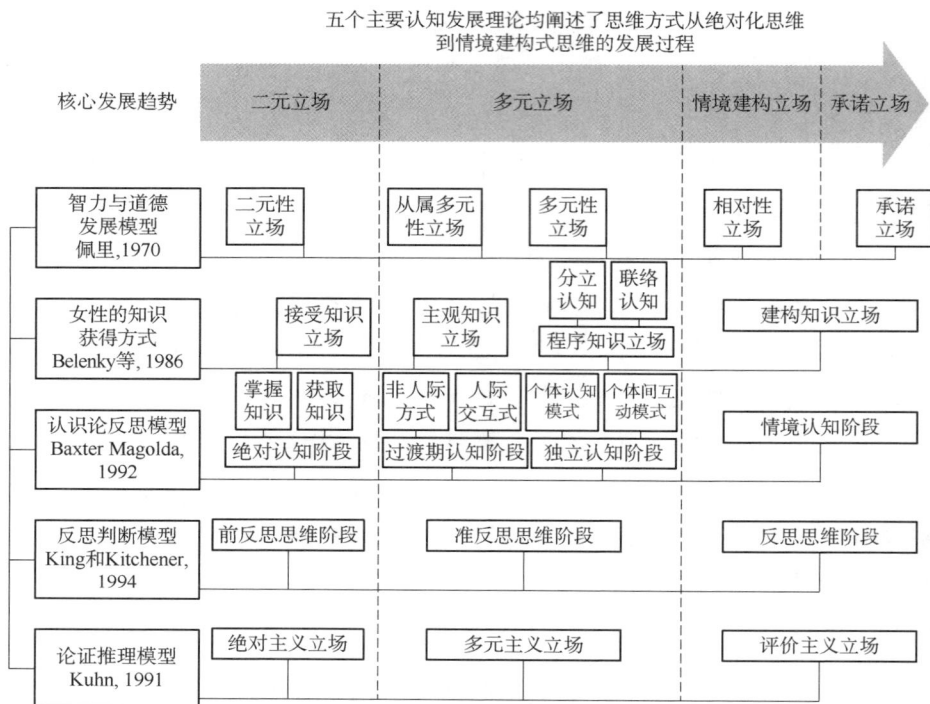

图 2-2　西方主要个体认知发展理论①

　　这里需要指出的是,佩里的智力与道德发展模型并非仅有单纯的线性发展方向。学生可能在发展过程中出现反复、停滞,甚至迂回的现象。此外,由于认知发展过程的复杂性,学生可能在学业、职业选择、人生信仰等不同方面同时具备多重立场甚至不同阶段的认知。此外,阶段与阶段的划分也不可视为绝对的分隔,不同的阶段之间具有相当程度的重合部分。

　　总之,我们保留佩里对不同阶段的命名,但是扩充其内涵,使其不仅仅包含男性的认知特点,而囊括 Baxter Magolda 对男女不同情况的阐述。其每个阶段的特点如下:

　　二元立场:一方面,学生认为世界只有好与坏、对与错、黑与白之分,以一分为二的思维看待世界,任何事物都是非对即错、非此即彼,别无其他情况。学生易将知识视为固定不变的真理,凡事总要追求"正确答案",不考虑其合理性。另

① Zhu, J. (2017). Understanding Chinese engineering doctoral students in U. S. institutions. USA: Springer.

一方面,学生相信和遵循权威,认为知识只来源于权威。

多元立场:学生认为知识是不确定的,事物具有复杂性和多样性,但学生把不同的观点、方法看成没有内在结构或联系的相互独立的集合体,因而无法做出有价值的判断。学生认为,每个人都有发表自己观点的权利,无法对每个人的观点进行评价和判断,认为每个人的观点都是一样的,尚不能进行比较。

情境建构立场:学生认识到知识具有情境性、相对性和建构性,在不同观点、参照结构、价值体系中,不同条件下有不同的特质,并有不同种类的分析、比较和评价。处于此阶段的学生,不再把知识看成是固定不变的真理,而是通过权衡、比较不同的观点,审视各种理论,进而找到解释世界的有效理论。并且,学生在获取知识的来源途径上更加多元化,自己开始有独立自主学习的意识,突破权威,对不同的观点能够在不同的条件下进行分析、比较和评价。在这个阶段,个体的思维过程的抽象性和理论性已经达到高阶水平。

(情境建构立场的)承诺立场:一方面,学生不仅拥有抽象逻辑思维,而且在分析事物时具有自己的立场和观点,对各种现象的解释能持相对的态度,他们既能坚持那些约定俗成的立场和思想,又能随时对之做出调整。另一方面,学生能够对自己人生职业、婚姻、家庭、人际关系、价值观等的选择承担主要责任。

个体认知发展经历了二元→多元→情境建构→承诺立场的过程,前三个阶段更多的是智力层面上对知识本质和认识过程本质的认识,承诺立场在情境建构主义的基础上,将情境建构的认知方式应用到了人生的各个方面,包括职业选择、情感、道德、信仰等更多层面,体现在对自己人生的规划和对自己的选择判断、负责等不同的方面。

个体所具备的能力需要通过思维方式体现出来,而学生认知发展水平决定了个体思维方式的选择。处于佩里认知发展理论的情境建构立场的学生倾向于使用一种更具有创造性、分析性的思维方式(Thinking Style)完成一项任务,以一种批判性的认知做出反应,同时学会与他人合作以促进自身思维发展。同时,学生认知发展水平的提升又有助于学生突破传统思维的束缚,积极主动地独立思考,以批判性思维综合分析、解决问题。

因此,本研究在综合个体认识论研究的基础上,进一步关注个体认知的思维特征和行为表现,关注个体认识论与其学习环境、社会环境之间的关系,从个体所处的环境中了解个体的认识论发展经历,寻找个体认识论发展的内涵与外延。本研究不仅仅涵盖了个体认知发展的整体趋势,更将其发展趋势与个体成长的环境紧密相连,将认知发展的过程与学习策略的选择、学习的表现相结合,更体现了学生认知发展水平与其教育经历、成长经历密切相关。

第三章　个体认知发展水平的测量

　　根据已有的关于个体认知发展各个理论或模型的研究,质性研究方法扮演了举足轻重的角色。质性研究方法可以帮助研究者更加深入地了解学生认知发展的现状,为建立个体认知发展理论或模型提供丰富翔实的论证数据。但是,质性研究方法受自身局限性,无法帮助研究者从更宽广的角度大规模测量学生认知发展水平。而随着研究的进一步深入,如何大规模测量学生认知发展水平以及更加全面地探究影响学生认知发展的相关因素成为亟待解决的问题和难点。为了弥补质性研究方法的不足,许多研究者纷纷设计出定量研究工具进行实证验证。

第一节　个体认知发展水平的质性测量

　　研究者在个体认知发展理论或模型探索及建立的初期选用质性研究方法进行深度的开放式的追踪访谈来收集丰富翔实的数据,在此基础上分析各个阶段学生认知发展的特点并建立了各自的认知发展理论或模型。比如,佩里在对哈佛本科生进行深度追踪式访谈时采用了完全开放式的问题(在这一年里,你有哪些印象深刻的经历?),激发学生用自己的思考方式表述和反思自己的经历,进而发现学生认知发展的路径和趋势[①]。在佩里认知发展理论提出的基础上,陆续又有其他学者对认知发展理论进行了探索和发展。例如,Baxter Magolda 在学生认知发展的研究过程中,借助深度追踪式一对一访谈法,在沿用佩里开放式访谈的问题和风格的基础上,从知识的本质、同辈群体的角色、教师的角色、评价反

---

① Perry, W. G. (1970). Forms of intellectual and ethical development in the college years: a scheme. New York.

馈以及教育方式等六个方面了解学生认知发展水平,进一步发展了佩里认知发展的理论[①]。

另外,King 和 Kitchener 提出的反思判断访谈工具(The Reflective Judgement Interview, RJI)包括 5 个不良结构问题以及针对这 5 个不良结构问题(如核能源的安全问题)设置的 7 个小问题(如你怎么看待这些陈述?)[②]。在 5 个不良结构问题的基础上,有基于心理学、经济学和化学发展出一系列的基于学科基础的问题。研究者借助该访谈工具采取半结构式访谈的形式,对大量的学生进行了测量,针对学生对不良结构问题的解释和看法来探究学生在知识的本质以及判断、认识知识过程的本质的反思判断能力[③]。但是该访谈工具中关于基于学科设置出来的访谈问题可能会影响具有多学科背景学生中的适用性和数据的可靠性。

总而言之,这些质性测量工具在很大程度上帮助研究者从多种角度开发出了多种认知发展理论或模型,为研究者深入了解学生认知发展水平提供了丰富翔实的数据支撑。但是,随着认知发展理论的建立和完善,单纯依靠质性研究方法已经无法满足对大范围学生认知发展水平的测量需求。一方面,质性访谈对人员的访谈技能把握以及访谈时间要求都非常严格,另外,研究者需要花费大量的时间和精力对深度一对一访谈所得的大量、烦琐的数据进行深度挖掘和分析,这在一定程度上给研究者带来困扰和麻烦。另一方面,质性研究数据结果具备典型性,但是可推广性有限,这在一定程度上制约了认知发展理论在大范围学生认知发展实用性的验证和推广应用。因此,研究者开始思考并开发定量的测量工具以期弥补质性研究方法的局限性,进而更好地了解学生认知发展的水平和相关影响因素。

第二节 个体认知发展水平的定量测量

为了进一步检验个体认知发展理论的可靠性和实用性,以及从更广的角度

① Baxter Magolda, M. B. (1992). Knowing and reasoning in college. San Francisco: Jossey-Bass.
② King, P. M., &Kitchener, K. S. (1994). Developing reflective judgment: understanding and promoting intellectual growth and critical thinking in adolescents and adults. San Francisco: Jossey-Bass Higher and Adult Education Series.
③ Kuhn, D. (2001). How do people know? Psychological Science, 21(1), 1-8.

测量学生认知发展现状及影响因素,许多研究者在他人或自己质性研究的基础上,开发出了相应的定量测量工具。目前,关于个体认识论发展的测量工具主要有如下几种:认识论反思测量工具(Measure of Epistemological Reflection,MER)[①],学习环境偏好测量工具(Learning Environment Preferences,LEP),智力发展测量工具(Measure of Intellectual Development,MID)[②],当代问题推理判断测量工具(Reasoning about Current Issues Test,RCI)[③],认知发展规模量表(Scale of Cognitive Development)[④],认识论信念问卷(Schommer's Epistemological Questionnaire,SEQ)[⑤],张氏认知发展量表(Zhang's Cognitive Development Inventory,ZCDI)[⑥]以及改良版张氏认知发展量表[⑦⑧]。这些定量测量工具为个体认知发展理论或模型在高等教育领域中的应用和实践提供了机会。

其中,张氏认知发展量表是基于佩里认知发展理论框架指导下进行开发设计的,并于 20 世纪 90 年代应用于中国大学生认知发展水平的测量[⑨⑩]。该量表针对佩里认知发展的四个立场(二元立场、多元立场、情境建构立场、承诺立场)

① Baxter Magolda, M. B. (1992). Knowing and reasoning in college. San Francisco: Jossey-Bass.
② Moore, W. S. (1989). The learning environment preferences: exploring the construct validity of an objective measure of the Perry scheme of intellectual development. Journal of College Student Development, 30(6), 504-14.
③ King, P. M., & Kitchener, K. S. (1994). Developing reflective judgment: understanding and promoting intellectual growth and critical thinking in adolescents and adults. San Francisco: Jossey-Bass Higher and Adult Education Series.
④ Fago, G. C. (1995). A scale of cognitive development: validating Perry's scheme. Higher Education.
⑤ Schommer, M. (1990). Effects of beliefs about the nature of knowledge on comprehension. Journal of Educational Psychology, 82(3), 498-504.
⑥ Zhang, L. F. (1995). The construction of a Chinese language cognitive development inventory and its use in a cross-cultural study of the Perry scheme. The University of Iowa.
⑦ Zhu, J., & Cox, M. F. (2015). Epistemological development profiles of Chinese engineering doctoral students in U. S. institutions: an application of Perry's theory. Journal of Engineering Education, 104, 345-362.
⑧ Zhu, J. , Liu, R. , Liu, Q. , Zheng, T. , & Zhang, Z. (2019). Engineering students' epistemological thinking in the context of project-based learning. IEEE Transactions on Education, 62(3), 188-198.
⑨ Zhang, L. F. (1999). A comparison of U. S. and Chinese university students' cognitive development: the cross-cultural applicability of Perry's theory. The Journal of Psychology, 133(4), 425-439.
⑩ Zhang, L. F. , &Watkins, D. (2001). Cognitive development and student approaches to learning: an investigation of Perry's theory with Chinese and U. S. university students. Higher Education, 41(3), 239-261.

设计了 175 个题项，涵盖大学生的教育和生活经历，另外还设置了一些统计学信息题项（如性别、年龄、籍贯等），为大范围测量学生的认知发展提供了有效工具。不过，该量表并未区分多元立场和情境建构立场的测量。为了区分多元立场和情境建构立场两个阶段的测量，Zhu 在借鉴其他研究者的多个测量工具以及佩里自身对不同立场的表述和理解的基础上，对张氏认知发展量表进行了修订，在相关文献的基础上，邀请熟知佩里认知发展理论的专家进行内容效度检验，对各立场测量题项的代表性、适合性进行分析，以区分出多元立场和情境建构立场的代表测量题项。Zhu 提出的改良版张氏认知发展测量工具共包含 45 个题项，二元立场 20 道，多元立场 8 道，情境建构立场 9 道，承诺立场 8 道。改良版的认知发展测量工具修订了张氏认知发展测量工具，并在测量留美中国工科博士生认知发展现状与我国工科学生认知发展的实证研究中得到了较好的验证。

　　这些不同的测量工具大多数已被广泛应用于西方学生认知发展的测量中。而结合本研究的研究问题及背景的特殊性，已有的比较符合本研究要求的定量测量工具为改良版的张氏认知发展测量工具。本研究将运用改良版的张氏认知发展量表进行定量阶段的测量（详见第五章）。

第四章　个体认知发展理论在工程教育中的应用

第一节　西方工程教育实践下工科学生认知发展现状

　　基于工科学生认知发展已有四十多年的理论探索和实证研究,佩里个体认知发展理论在西方高等工程教育应用中的主要发现包括:

　　(1)工科专业本科生认知发展水平整体较低。大学一年级工科学生认知发展水平大部分处于多元立场,经过四年的大学教育,四分之一的工程本科毕业生认知发展水平达到情境建构立场,但是极少数人认知发展水平超过情境建构立场[①②③]。这些研究发现距离当今工程教育实践已经过了十几年,而十几年后的工科本科生认知发展水平是否发生变化目前尚未有系统的研究,并且之前的研究只针对工科本科生认知发展水平开展了实证调查,鲜有研究将视角聚焦于工科研究生认知发展现状的调查中。Zhu[④⑤]针对这一研究局限,对留美中国工科博士生认知发展现状进行了系统的测量,研究发现,接近80%的留美中国工科

① Pavelich, M. J., & Moore, W. S. (1996). Measuring the effect of experiential education using the Perry model. Journal of Engineering Education, 85(4), 287-292.
② Wise, J. C., Sang, H. L., Litzinger, T., Marra, R. M., & Palmer, B. (2004). A report on a four-year longitudinal study of intellectual development of engineering undergraduates. Journal of Adult Development, 11(2), 103-110.
③ Marra, R. M., Palmer, B., & Litzinger, T. A. (2000). The effects of a first-year engineering design course on student intellectual development as measured by the Perry scheme. Journal of Engineering Education, 89(1), 39-46.
④ Zhu, J., & Cox, M. F. (2015). Epistemological development profiles of Chinese engineering doctoral students in U. S. institutions: an application of Perry's theory. Journal of Engineering Education, 104, 345-362.
⑤ 朱佳斌,刘群群 & 莫妮卡·库克斯. (2016). 认知发展理论在高等工程教育实践中的应用探析——基于留美中国工程博士认知发展的实证研究. 高等工程教育研究, 156(01), 12-18.

博士生认知发展水平已达到佩里认知发展理论的高阶阶段,即情境建构立场和承诺立场。该研究一定程度上表明佩里认知发展理论在中国工科学生中的适用性,为佩里认知发展理论在当今中国工科学生中的实际运用作了铺垫与借鉴。

(2)从学科上来讲,个体认知发展存在学科差异。Hofer在个体认知发展理论的指导下,对心理学专业和自然科学专业的大学一年级学生认知发展情况进行调查,发现自然科学专业的学生更加认为知识是确定的,根据个人知识和亲身经历作为判断认识过程的基础,认为知识来源于权威,真理掌握在权威手中[1]。Marra对人文社会科学领域与自然科学领域的学生的认知发展现状进行比较分析发现,在认知发展的过程中,人文社会科学领域的学生从二元立场向多元立场发展要快于自然科学领域的学生,而从多元立场向情境建构立场发展时,自然科学领域的学生要更容易达到[2][3]。这在一定程度上表明,不同学科背景下学生的认知发展水平存在一定的差异,在实际的测量中,如果不考虑学科的差异,笼统地对所有学科学生认知发展现状进行评价和描述可能会导致结果有失公允,难以反映真实的研究发现。

(3)工科学生认知发展水平存在年级差异。King & Magun-Jackson对不同学校不同层次学生(大学一二年级、大学三四年级和研究生)认识论信念测量研究发现,在学习速度立场,不同层次学生之间的信念存在显著差异。大学一、二年级学生认为学习是简单、快速的过程,高年级学生认为学习是渐进的过程,其认知信念逐步走向高级阶段[4]。Wise等人[5]指出,在传统的课程中,学生的认知发展在前三年差异不明显,而在最后一学年出现了相对于其他学年更为快速而明显的提高。Zhu指出,留美工科博士生认知发展水平在二元立场存在显著

① Hofer, B. K. (2001). Personal epistemology research: implications for learning and teaching. Educational Psychology Review, 13(4), 353-383.

② Marra, R., & Palmer, B. (2004). Encouraging intellectual growth: senior college student profiles. Journal of Adult Development, 11(2), 111-122.

③ Palmer, B., & Marra, R. M. (2004). College student epistemological perspectives across knowledge domains: a proposed grounded theory. Higher Education, 47, 311-335.

④ King, B. A., & Magun-Jackson, S. (2010). Epistemological beliefs of engineering students. The Journal of Technology Studies, 12(2), 56-64.

⑤ Wise, J. C., Sang, H. L., Litzinger, T., Marra, R. M., & Palmer, B. (2004). A report on a four-year longitudinal study of intellectual development of engineering undergraduates. Journal of Adult Development, 11(2), 103-110.

性差异,与低年级相比,高年级工科博士生采用二元思维的比例更少[1]。

第二节 工科学生认知发展的影响因素研究

基于西方工程教育实践中工科学生认知发展现状的研究发现,部分学者进一步探索和发掘了影响工科学生认知发展的主要因素。

(1)基于开放式、弱性结构问题的教育体验对工科学生认知发展具有重要的影响。Pavelich 和 Moore[2] 针对不同年级本科生的访谈调查中发现,工科课程中采用开放式、弱性结构问题的教学法有助于培养学生复杂的思维,提高学生解决实际问题的思维和能力。Wise 等人对工科本科生在最后一学年认知发展水平有显著提高的发现进行了推测,他们猜测这很可能是因为在毕业设计和实际工程项目中,学生更多地接触到开放式问题,发现实际工程问题的复杂性,尝试去寻找有效的解决方法,学生综合运用学科知识与方法的能力得到了锻炼,而这些培训提升与学生认知发展紧密相关。以解决开放式实际问题或工程实际问题为导向、以学生为主体的学习法引入大一新生工科专业的课程体系中将有助于培养学生的分析性思维能力,更早地提升工科学生的认知发展水平。Zhu[3][4] 对影响留美工科博士生高阶认知发展的主要因素进行了探索,发现学生接触项目的经历或者开放式问题的经历对他们认知发展具有积极的影响。不过,基于项目式学习法对学生的认知发展究竟有哪些实际影响和作用仍有待进一步的实证研究。

(2)以学生为中心,基于小组协作式的研究性学习法有利于提高学生的认知发展水平。已有的研究认为,将合作式教学法引入传统工程课程中,将为学生

[1] Zhu, J., & Cox, M. F. (2015). Epistemological development profiles of Chinese engineering doctoral students in U. S. institutions: an application of Perry's theory. Journal of Engineering Education, 104, 345 - 362.

[2] Pavelich, M. J., & Moore, W. S. (1996). Measuring the effect of experiential education using the Perry model. Journal of Engineering Education, 85(4), 287 - 292.

[3] Zhu, J. (2017). Understanding Chinese engineering doctoral students in U. S. institutions. USA: Springer.

[4] 朱佳斌,刘群群 & 莫妮卡·库克斯. (2016). 认知发展理论在高等工程教育实践中的应用探析——基于留美中国工程博士认知发展的实证研究. 高等工程教育研究,156(01),12 - 18.

营造一个能够主动学习、解决开放式实际问题、建立团队合作的学习环境,从以教师为中心转为以学生为中心,让学生成为积极的学习者,并及时对学生存在的问题进行反馈和检验,有助于学生从不同角度思考问题,提高自身的认知发展水平,进而培养批判性思维和解决实际问题的能力[1][2]。另外,基于小组的协作式学习通过头脑风暴的形式,了解不同学生的思维和想法,对打破思维定势,弥补认识上的局限,培养多角度看待问题的思维和想法具有积极的影响,这些与学生认知发展的高阶阶段特征紧密相关[3]。不过,这一结论仍然有待实证数据的进一步验证。

第三节　个体认知发展理论在我国工科学生中的应用

Li-Fang Zhang 等人将佩里认知发展理论引入到中国,通过编制张氏认知发展测量工具(ZCDI 量表)以及对中国大学生的认知发展水平进行整体测量,验证了佩里认知发展理论可以被应用于中国学生认知发展的测量中[4]。同时,Zhang 等人还对中美两国学生学习方法和其认知发展之间的关系进行了研究,研究结果表明,学生学习方法的选择与其认知发展水平密切相关,认知发展水平高的学生更容易选择深度学习法,而认知发展水平低的学生则选择浅层学习法;中美两国学生认知发展的模式存在差异,中国学生认知发展趋势与佩里认知发展的趋势相反;课外活动(参加社团活动、实习经历、团队领导等)有助于提高学生认知发展水平;中美两国学生认知发展水平与学习成绩之间的关系存在差异,美国学生认知发展水平与学习成绩显著相关,而中国学生的认知发展水平与学习成绩

① Felder, R. M. , & Brent, R. (2004). The intellectual development of science and engineering students. part 2: teaching to promote growth. Journal of Engineering Education, 93(4), 279 - 291.
② Pavelich, M. J. (1996). Helping students develop higher-level thinking: use of the Perry model. Paper presented at the meeting of the Frontiers in Education Conference.
③ Fago, G. C. (1995). A scale of cognitive development: validating Perry's scheme. Higher Education.
④ Zhang, L. F. (1995). The construction of a Chinese language cognitive development inventory and its use in a cross-cultural study of the Perry scheme. The University of Iowa.

不相关,这可能与中国教师考评学生表现的方式有很大的关系①②③。Zhu 通过比较分析各类认知发展测量工具,选择合适的量表,在佩里认知发展理论的指导下测量了留美中国工科博士生认知发展现状并探索了影响其认知发展的相关因素,在定量测量过程中,修订了认知发展测量工具,为佩里认知发展理论在当前中国工科学生中的适用性提供了一定的借鉴与参考。

对中国学生的认知发展研究中,Zhang 发现中国本科生认知呈现一个逆发展的趋势,大三、大四的学生的认知发展水平并没有大一、大二的学生水平高,反而出现了下降的情况。不过,Zhang 的研究并没有专门针对工科学生进行研究,因此,难以对中国工科学生认知发展情况做出判断。

关于工科学生认知发展的研究目前主要集中在西方国家。近年来,我国学者已逐步开始介绍国外主要认知发展理论模型及其对我国教育现状的启示④⑤。但是,实际运用现代认知理论和相应测量工具分析和解释学生认知发展状况的实证研究却属凤毛麟角。而国内其他学者关于个体认知发展理论在中国学生中的应用尚处于理论总结和思辨研究中。在我国,对现代认知理论的引入主要集中在心理学和教育学领域,我国学者对主要认知发展理论模型进行了介绍,并且分析了这些理论对我国教育现状的启示,出现了对青年人认知发展及相关教育实践的关注和将认知理论指导教师教学实践的小范围实证研究探索⑥⑦⑧。相比之下,国外针对工科学生认知已经开展了近几十年的理论探索和实证研究。我国学术界与工业界都亟待以现代认知理论为基础,以实证研究为手段,对工程人才的认知发展状况进行整体评估与深入探究,探索有助于工程人才认知发展的

①　Zhang, L. F. (1999). A comparison of U. S. and Chinese university students'cognitive development: the cross-cultural applicability of Perry's theory. The Journal of Psychology, 133(4), 425 – 439.

②　Zhang, L. F., & Watkins, D. (2001). Cognitive development and student approaches to learning: an investigation of Perry's theory with Chinese and U. S. university students. Higher Education, 41 (3), 239 – 261.

③　Zhang, L. F. (2004). The Perry scheme: across cultures, across approaches to the study of human psychology. Journal of Adult Development, 11(2), 123 – 138.

④　喻平, 唐剑岚. (2007). 个体认识论的研究现状与展望. 心理科学进展, (03), 443 – 450.

⑤　王婷婷, 吴庆麟. (2008). 个人认识论理论概述. 心理科学进展, (01), 71 – 76.

⑥　刘儒德. (2002). 基于问题学习对教学改革的启示. 教育研究, (02), 73 – 77.

⑦　刘儒德. (2002). 用"基于问题学习"模式改革本科生教学的一项行动研究. 高等师范教育研究, (03), 49 – 54.

⑧　刘儒德. (2002). 大学生的学习观. 高等教育研究, (04), 74 – 78.

人才培养模式。

　　已有的关于学生认知发展的研究主要是以西方教育为背景,尽管有对中国学生的认知发展进行研究,但是并没有考虑学科差异。国内针对学生认知发展的研究尚处于理论思辨中,缺乏以我国工程教育改革为背景,对不同类型高校、不同层次(本科生、研究生)工科学生的认知发展现状和影响因素的实证研究。因此,本研究在西方现有的认知发展理论的指导下,对工程教育改革下工科学生的认知发展现状进行系统的测量和比较分析,并深入挖掘工程教育改革下学生认知发展的影响因素及作用机制,为进一步提高学生认知发展水平,提高学生创新能力,培养创新型人才提供借鉴与参考。

第五章　我国样本高校工科学生认知发展整体情况

第一节　针对样本高校工科学生认知发展现状的测量

　　"卓越计划"明确提出,工程人才培养的主要目标是面向工业界、面向世界、面向未来,培养造就一大批创新能力强、适应经济社会发展需要的高质量各类型工程技术人才。培育创新精神、开发创新能力是深化工程人才培养模式改革的重点和难点所在,是卓越工程师实现"卓越"的突破口。在"卓越计划"的基础上,2017年教育部针对新工科建设进一步对工程人才标准提出新要求,总体上培养适合新一轮技术变革和产业变革所需的各类新人才,而创新思维、交叉复合、领军、国际竞争力等成为新人才培养所需具备的特征。

　　对工程技术人才来说,开发创新能力需要培养以超越权威型思维、突破书本型思维定势、避开从众型思维为特征的创新性思维模式,鼓励学生以开放、批判的态度,自主学习,独立思考,跳出自我的思维定势,博采众长,集思广益,在借鉴以往经验的同时,在新条件和环境下,从新的角度,以新的观念和方法去发现、分析和解决问题。具有这样的思维方式的工科学生,其认知发展已达到高阶的认知思维方式,而是否具有这样的思维方式则成为工程专家与新手的重要差别。在高等教育阶段积极开发学生的创新思维,提升学生认知水平,将有助于工程人才在学阶段和就业后产生开拓性、创新性成果,为提升我国产业的自主创新水平、实现关键技术的自主研发提供优秀的工程人才,并为建设创新型国家、提升我国的核心竞争力和综合国力带来实质性突破。

　　工程人才思维方式发展规律的发掘能够从根源上实现对工程人才培养和工

程教育的理论指导。以往关于学生认知发展的研究主要聚焦在国外高教领域人才思维方式发展的趋势上,鲜有研究聚焦中国高教领域尤其是高等工程教育领域人才的思维方式发展现状和趋势,缺乏基于学生认知发展现状的、适用于中国高等工程教育领域人才培养的认知发展理论模型和人才培养指导框架。

本章借鉴认知发展理论,以定量方法测量和分析工科学生认知发展现状,分析了不同类型高校、不同层次学生(本科生与研究生)在认知发展上的特点。共选取三所上海地区入选"卓越计划"的不同层次高校,包括原"985"工程(现双一流高校)A大学、原"211"工程B大学以及另一所普通本科院校C大学作为研究对象。为保持数据的可比性,我们选取了这三所大学均入选"卓越计划"的机械工程专业,对该专业学生的认知发展现状进行比较。

通过发放网上问卷与纸质问卷,共获得417份有效数据,样本分布如下(见表5-1):

表5-1 定量数据样本分布

	有效问卷数量
A大学机械工程学院	205
B大学机械工程学院	94
C大学机械工程学院	118
总计	417

本章采用的工科学生认知发展测量问卷是基于改良版张氏认知发展测量问卷翻译并修订而成,该问卷是基于佩里理论开发的、针对认知发展四个立场的测量,该量表各立场具有符合要求的信效度,并且已被应用于中国学生认知发展水平的测量和调查[1][2]。量表共包含45道题项。具体来讲,关于认知发展四个立场测量的题项按照立场划分:二元立场20道题项,例如"理解一门课程的关键在于学会遵循教师的思维方式";多元立场8道题项,例如"在学术辩论中,双方观点都有一定道理,因此,判断哪一方获胜的标准也不明确";情境建构立场9道题项,例如"当我解决问题的时候,我经常会考虑几个不同的备选方案,然后从中

---

① Zhu, J. (2017). Understanding Chinese engineering doctoral students in U. S. institutions. USA: Springer.

② Zhang, L. F. (1995). The construction of a Chinese language cognitive development inventory and its use in a cross-cultural study of the Perry scheme. The University of Iowa.

选择最佳方案";承诺立场 8 道题项,例如"我已经在我生活的不同方面担负起了主要责任"。被试者对每项的观点进行 1—5 分的自评,1 代表"完全不同意",5 代表"完全同意"。问卷还加入学生课外活动参与情况以及人口学特征题项,包括如性别、年龄、学习阶段、在读学位、成长背景、籍贯等(附录 1)。

　　针对这 45 道题项的信效度,已有研究已经进行了较为充分的校验①②③。此外,此量表也展现了较好的结构效度,能够体现佩里理论的不同认知发展阶段。

第二节　样本高校工科学生认知发展现状分析 ——A 大学

　　本章节介绍了基于 A 大学机械学院的工科学生抽样的定量分析,基于定量分析得出 A 大学工科学生认知发展现状与相关因素。需要特别指出的是,本研究并不是追踪式研究,主要调研的是工科学生认知发展的一个纵切面现状分析,而非追踪式发展分析。

(一) A 大学机械学院工科学生认知发展现状

　　本研究共获得 A 大学机械学院有效问卷 205 份。其中男生 182 人,女生 23 人;本科生 146 人,研究生 59 人。

　　本研究以佩里理论为框架,运用单样本 T 检验来确定参与调查问卷的学生最为显著的认知发展阶段。分析结果显示,A 大学机械学院共有 182 人表现出显著的认知发展阶段(见图 5 - 1)。其中,65％的学生认知发展水平处于认知发展情境建构立场与承诺立场(本科生在这两个立场的比例为 63％,研究生在这两个立场的比例为 69％)。这在一定程度上说明,A 大学多数学生已经能够独

① Zhu, J., & Cox, M. F. (2015). Epistemological development profiles of Chinese engineering doctoral students in U. S. institutions: an application of Perry's theory. Journal of Engineering Education, 104, 345 - 362.

② Zhu, J., Liu, Q., Cox, M. F., & Hu, Y. (2015). Validation of an instrument for Chinese engineering students' epistemological development. International Journal of Chinese Education, 4(2), 135 - 161.

③ Zhu, J., Liu, R., Liu, Q., Zheng, T., & Zhang, Z. (2019). Engineering students' epistemological thinking in the context of project-based learning. IEEE Transactions on Education, 62 (3), 188 - 198.

立思考,采取开放、批判的态度,综合各种观点进行分析、解决问题,并且有些学生已经开始对自己人生的规划和对自己的选择判断承担主要责任。另外,还有2%的学生认知水平位于承诺立场,但值得注意的是,在数据分析中发现这些学生在情境建构立场上的均值得分并没有>3,因此,这些学生认知水平不能被列入认知发展的高阶阶段。同时,还有33%的学生认知水平处于二元、多元或二元—多元—情境建构等过渡阶段,一定程度上说明学生认知发展的复杂性和过渡性特点。

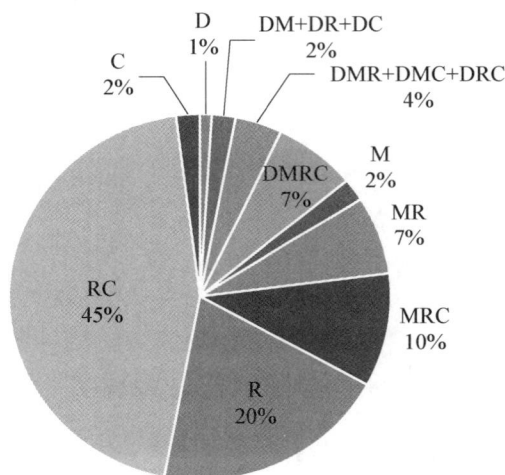

图 5 - 1　A 大学工科专业学生认知发展水平比例分布

注:学生在不同认知立场中的分布(n=182,其中 130 名本科生和 52 名研究生)。D-二元立场,M-多元立场,R-情境建构立场,C-承诺立场。

表 5 - 2　A 大学工科学生认知发展各立场的均值与标准偏差

	均值	标准偏差
D	2.68	0.49
M	3.19	0.46
R	3.78	0.39
C	3.52	0.51

另外,学生的认知发展阶段在不同层次学生中的分布情况如表 5 - 3 所示。

表 5-3 A 大学不同层次学生认知发展水平分布情况表

	D	M	R	RC	C	其他	总计
本科生	3	5	92	19	13	7	139
研究生	1	3	25	14	4	5	52
总计	4	8	117	33	17	12	191

(二) A 大学机械学院工科学生认知发展相关因素

本研究对参与此次调查的 A 大学机械学院工科学生按照在读学位(本科/研究生)、性别(男/女)、企业实习经历(有/无)、出国交流经历(有/无)等因素分别进行了独立样本 T 检验。研究发现如下:

从 A 大学整体情况来看,本科生与研究生(包括硕士、博士)的认知发展情况在整体上无显著差异。其中,本科生不同年级不存在显著差异。单因素方差分析显示,硕士生不同年级在二元立场存在显著差异($p = 0.015$)(见表 5-4)。

表 5-4 A 大学硕士生在二元立场均值与标准偏差

	年级	N	均值	标准偏差
D	硕士一年级	27	2.84	0.44
	硕士二年级	18	2.70	0.51
	硕士三年级	11	2.33	0.22
	总计	59	2.68	0.46

男女学生在认知发展情况上存在显著差异。男生在情境建构立场($p = 0.039$)和承诺立场($p = 0.039$)高于女生(见表 5-5)。

表 5-5 A 大学男女学生在不同认知阶段的均值与标准偏差

	性别	N	均值	标准偏差
D	男	182	2.67	0.51
	女	23	2.77	0.32

	性别	N	均值	标准偏差
M	男	182	3.18	0.47
	女	23	3.29	0.33
R	男	182	3.80	0.39
	女	23	3.62	0.37
C	男	182	3.55	0.51
	女	23	3.32	0.51

其中,本科生男女学生不存在显著差异。研究生男女学生在不同认知阶段存在显著差异,男生在情境建构立场($p=0.01$)和承诺立场($p=0.023$)高于女生(见表5-6)。

表5-6　A大学研究生男女学生在不同认知阶段的均值与标准偏差

	性别	N	均值	标准偏差
D	男	50	2.69	0.48
	女	9	2.68	0.36
M	男	50	3.15	0.48
	女	9	3.21	0.38
R	男	50	3.84	0.43
	女	9	3.44	0.35
C	男	50	3.68	0.54
	女	9	3.22	0.55

不同企业实习经历(有/无)的学生在认知发展情况上无显著差异。

不同出国交流经历(有/无)的学生在认知发展情况上无显著差异。

首先,从整体上说,65％的工科学生认知发展均已达到佩里理论的认知发展高阶阶段,即情境建构立场和承诺立场。极少数学生认知发展处于二元立场、多元立场(3％)。此外,由于认知发展的复杂性,尚有30％的学生处于多个立场的过渡阶段。

其次,数据显示,不同年级的学生认知发展存在显著差异。A大学硕士生在二元立场，一年级分数最高。也就是说，一年级学生比高年级学生更多地展现出二元立场的思维特征。这样的现象有可能与 A 大学的研究生教育相关。研究生教育重视学生的分析性思维、系统性思维和研究能力的开发和培养。这些培训有助于学生更好地理解知识的情境建构性，从而摒弃对知识本质"非黑即白"的理解方式。

再次，数据还表明，A 大学研究生中，男女学生在不同认知发展阶段存在显著差异，男生在情境建构立场和承诺立场显著高于女生。也就是说，A 大学机械学院研究生中，男生比女生更多展现出情境建构立场和承诺立场的思维特征。这一发现并不能直接说明男女学生之间存在显著差异。但是这一发现可能表明 A 大学机械学院中由于男生占大多数（80％左右），因此，女生可能存在被"边缘化"的情形，导致在思维特征和行为模式较少展现出情境建构立场和承诺立场的思维特征。不过，这一推测依然需要下一步实证研究的验证。

最后，对于与认知发展相关因素的测量，定量过程中没有观测到显著差异的因素（如出国交流经历、企业实习经历），也不能完全推断这些因素对于认知发展没有影响。这很有可能是因为抽样的定量数据中具有出国交流经历、企业实习经历的学生过少，而无法运用定量方式测量。对于与认知发展相关的因素，本研究将通过质性研究来深入挖掘（具体见第七章）。

第三节　样本高校工科学生认知发展现状分析 ——B 大学

B 大学是一所多学科发展，隶属于原国家"211"工程的综合性研究院校，该校多个专业入选了"卓越计划"。为便于对三个学校进行比较，我们统一选择了机械学院作为抽样对象，其机械专业亦入选"卓越计划"。

同调查 A 大学的研究方法一样，本研究通过对 B 大学机械学院的工科学生进行抽样和定量分析，基于定量分析结果得出 B 大学工科学生认知发展现状及相关因素。本研究共获得 B 大学机械学院有效问卷 94 份。其中男生 61 人，女生 33 人；本科生 56 人，研究生 38 人。

（一）B 大学机械学院工科学生认知发展现状

基于 B 大学工科学生问卷数据的分析表明，共 83 人表现出显著的认知发展阶段（如图 5 - 2 所示）。其中，63％的学生认知发展水平处于认知发展情境建构立场和情境建构—承诺立场。这在一定程度上说明，B 大学大多数学生能够认识到知识是相对的和具有情境性的，具有独立思考能力，能够采取批判的态度，从不同的角度分析和解决问题。另外，还有 6％的学生认知水平位于承诺立场，但值得注意的是，这些学生在情境建构立场上的均值得分也没有超过 3，因此，这些学生的认知水平不能被列入认知发展高阶阶段。同时，还有 31％的学生认知水平处于多元或二元—多元—相对等过渡阶段。

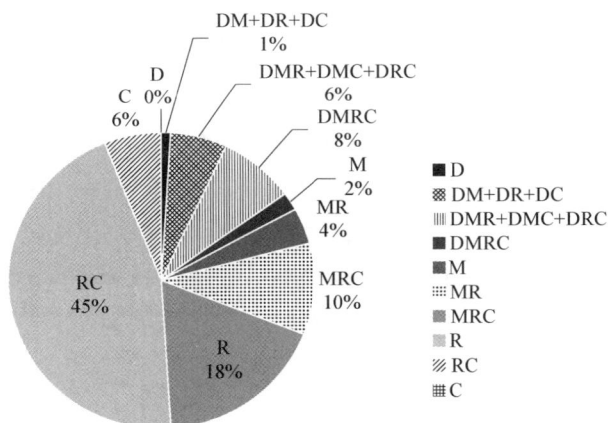

图 5 - 2　B 大学工科专业学生认知发展水平比例分布

注：学生在不同认知立场中的分布（n＝83，其中 53 名本科生和 30 名研究生）。D - 二元立场，M - 多元立场，R - 情境建构立场，C - 承诺立场。

表 5 - 7　B 大学工科学生认知发展各立场的均值与标准偏差

	均值	标准偏差
D	2.65	0.55
M	3.17	0.45
R	3.82	0.70
C	3.65	0.50

另外,学生的认知发展阶段在不同学历的分布情况如表5-8所示。

表5-8　B大学不同层次学生认知发展水平分布情况表

	D	M	R	RC	C	其他	总计
本科生	1	2	23	15	10	4	55
研究生	1	2	12	11	6	1	33
总计	2	4	35	26	16	5	88

(二)B大学机械学院工科学生认知发展相关因素

本研究对参与此次调查的B大学机械学院工科学生按照在读学位(本科/研究生)、性别(男/女)、企业实习经历(有/无)、出国交流经历(有/无)等因素分别进行了独立样本T检验。研究发现如下:

从B大学整体情况来看,本科生与研究生(包括硕士、博士)的认知发展情况在整体上存在显著差异。在情境建构立场,本科生高于研究生($p=0.015$)(见表5-9)。

表5-9　B大学不同层次学生在不同认知阶段的均值与标准偏差

	学习阶段	N	均值	标准偏差
D	本科生	56	2.64	0.59
	研究生	38	2.68	0.48
M	本科生	56	3.20	0.46
	研究生	38	3.14	0.45
R	本科生	56	3.95	0.82
	研究生	38	3.64	0.40
C	本科生	56	3.68	0.51
	研究生	38	3.62	0.51

其中,单因素方差分析显示,本科生不同年级以及研究生不同年级不存在显著差异。

男女学生在认知发展情况上不存在显著差异。

不同企业实习经历(有/无)的学生在认知发展情况上无显著差异。

不同出国交流经历(有/无)的学生在认知发展情况上无显著差异。

首先，从整体上说，与 A 大学类似，多数工科学生(63％)认知发展均已达到佩里理论的认知发展高阶阶段，即情境建构立场和承诺立场。少部分学生认知发展位于多元立场(2％)。另外，三分之一的学生同时呈现出两个或两个以上发展阶段的特点，处于过渡阶段。

其次，整体数据表明，在情境建构立场，B 大学本科生得分显著高于研究生，也就是说 B 大学机械学生本科生比研究生更多的展现出情境建构立场的思维特征。不过，基于这一结论并不能直接认为 B 大学的研究生教育存在问题，我们推测，这可能与 B 大学的研究生生源与本科生生源质量相关。不过，这一推测仍有待进一步的数据支撑。

与 A 大学结论类似的是，对于与认知发展相关因素的测量，定量过程中没有观测到显著差异的因素(如年级、性别、出国交流经历、企业实习经历)，但也不能据此认为这些因素对于认知发展没有任何影响。这有可能是因为抽样数不足等问题而无法测量到显著差异。对于与认知发展相关的因素，本研究将通过质性研究来深入挖掘。

第四节　样本高校工科学生认知发展现状分析
——C 大学

C 大学是一所以工科为主的应用型高校，致力于培养高水平应用型技术人才，主要培育一线工程师人才。C 大学有多个专业入选"卓越计划"。为便于对三个学校进行比较，我们统一选择了机械学院作为抽样对象，其机械专业亦入选"卓越计划"。

同调查 A 大学和 B 大学的研究方法一样，本研究对 C 大学机械学院的工科学生进行抽样和定量分析，基于定量分析得出 C 大学工科学生认知发展现状与相关因素。本研究共获得 C 大学机械学院有效问卷 118 份。其中男生 109 人，女生 9 人；本科生 81 人，研究生 37 人。

（一）C大学机械学院工科学生认知发展现状

基于C大学工科学生问卷数据的分析表明，共90人表现出显著的认知发展阶段（如图5-3所示）。其中，54％的学生认知发展水平处于认知发展情境建构立场和情境建构—承诺立场。这在一定程度上说明，C大学只有一半的学生能够认识到知识是相对的和具有情境性的，具有独立思考能力，能够采取批判的态度，从不同的角度分析和解决问题。3％的学生认知水平位于承诺立场。同时，还有41％的学生认知发展水平同时呈现出两个或两个以上发展阶段的特点，处于过渡阶段。这说明了C大学工科学生认知发展处于过渡阶段的情况比A与B大学更加普遍。

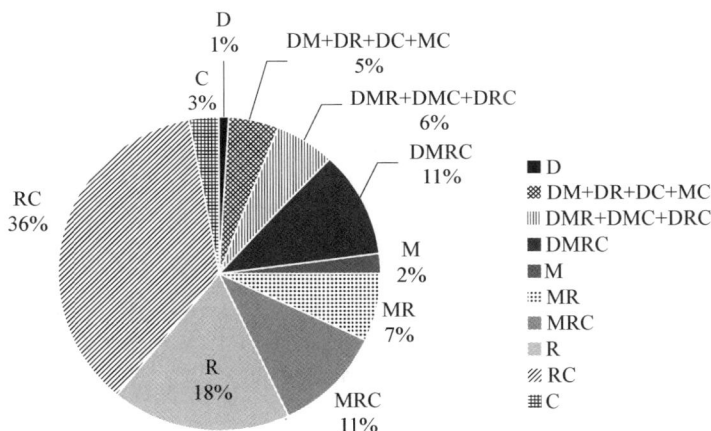

图5-3　C大学工科专业学生认知发展水平比例分布

注：学生在不同认知立场中的分布（n＝90，其中60名本科生和30名研究生）。D-二元立场，M-多元立场，R-情境建构立场，C-承诺立场。

表5-10　C大学工科学生认知发展各立场的均值与标准偏差

	均值	标准偏差
D	2.75	0.54
M	3.23	0.52
R	3.59	0.55
C	3.48	0.67

另外，学生的认知发展阶段在不同层次学生中的分布情况如表 5-11 所示。

表 5-11　C 大学不同层次学生认知发展水平分布情况表

	D	M	R	RC	C	其他	总计
本科生	2	5	26	15	9	8	65
研究生	0	1	12	11	5	3	32
总计	2	6	38	26	14	11	97

（二）C 大学机械学院工科学生认知发展相关因素

本研究对参与此次调查的 C 大学机械学院工科学生按照在读学位（本科/研究生）、性别（男/女）、企业实习经历（有/无）、出国交流经历（有/无）等因素分别进行了独立样本 T 检验。研究发现如下：

从 C 大学整体情况来看，本科生与研究生（包括硕士、博士）的学生在认知发展情况上整体上无显著差异。单因素方差分析显示，本科生不同年级、研究生不同年级不存在显著差异。

男女学生在认知发展情况上无显著差异。

不同企业实习经历（有/无）的学生在认知发展情况上无显著差异。

不同出国交流经历（有/无）的学生在认知发展情况上无显著差异。

综上所述，基于 C 大学机械学院工科学生的认知发展现状分析表明，只有超过半数的学生认知发展可以达到佩里理论的认知发展高阶阶段，即情境建构立场和承诺立场，明显低于 A 大学（65％）和 B 大学（63％）。少部分学生认知发展处于二元或者多元立场（4％）。此外，由于认知发展的复杂性，约 40％的学生同时呈现出两个或以上发展阶段的特点。

与 A 大学以及 B 大学结论类似的是，对于与认知发展相关因素的测量，定量过程中没有观测到显著差异的因素（如年级、性别、学位层次、出国交流经历、企业实习经历），也不能断定这些因素对于认知发展没有影响。这很有可能是由于抽样数目不足，因而未能观察到显著差异。对于与认知发展相关的因素，本研究将通过质性研究来进一步探讨。

第五节　不同类型高校工科学生认知发展现状的定量比较

在对三个不同类型大学的工科学生认知发展进行分别介绍的基础上,本章节对三个不同类型大学的工科学生认知发展进行比较分析。

首先,基于三所大学的描述性统计数据,C大学机械学院工科学生中,仅有超过一半的学生认知发展水平已达到佩里理论的认知发展高阶阶段,明显低于A大学和B大学。

具体来说,三校机械学院工科学生的认知发展情况在整体上存在显著差异。单因素方差分析显示,情境建构立场 A 大学学生均值高于 C 大学学生($p=0.005$),B 大学学生均值高于 C 大学学生($p=0.003$)(见表 5-12)。

表 5-12　三校机械学院工科学生在情境建构立场的均值和标准偏差

	学校	N	均值	标准偏差
R	A	205	3.78	0.39
	B	94	3.82	0.70
	C	118	3.59	0.55

单因素方差分析显示,情境建构立场 A 大学本科生均值高于 C 大学本科生($p=0.0015$),B 大学本科生均值高于 C 大学本科生($p<0.001$)(见表 5-13)。

表 5-13　三校机械学院本科生在情境建构立场的均值和标准偏差

	学校	N	均值	标准偏差
R	A	146	3.78	0.38
	B	56	3.95	0.82
	C	81	3.57	0.55

此外,承诺立场 B 大学本科生均值高于 C 大学本科生($p=0.009$)(见表 5-14)。

表 5‐14　三校机械学院本科生在承诺立场的均值和标准偏差

	学校	N	均值	标准偏差
R	A	146	3.49	0.49
	B	56	3.68	0.51
	C	81	3.40	0.63

　　综上所述,三个不同类型大学的工科学生的认知发展比较分析表明,A大学和B大学的工科学生的认知发展不存在显著差别。A大学与C大学,B大学与C大学则分别存在显著差别。这些差别都体现在佩里理论的认知发展高阶阶段,即情境建构立场和承诺立场。C大学学生在情境建构以及承诺立场的得分较低,也就是说,C大学工科学生较少展现出情境建构型的思维方式,较少采取开放、批判的态度综合各种观点进行分析、解决问题。

第六节　小结

　　总体而言,定量研究结果表明,参与调查的三所大学的工科学生中,超过一半的学生认知发展水平处于佩里认知发展理论的高阶阶段,即情境建构立场和承诺立场。三种不同类型大学对工科学生的认知发展的比较分析表明,A大学和B大学在工科学生认知发展上没有显著差异。C大学分别与A大学、B大学存在显著差异。定量数据显示,C大学的学生在情境建构立场和承诺立场得分较低,C大学的工科学生表现出较少的情境建构思维,较少采取开放和批判的态度分析与解决问题。最后,尽管海外交流经验、企业实习经验与认知发展之间的关系在量化过程中没有观察到存在显著差异,但是不能完全推断出这些因素对认知发展没有影响。这很可能是因为采样中具有海外交流经验和企业实习经验的学生的比例较少。与认知发展有关的因素,本研究将在质性研究部分进行更为深入的探讨(详见第七章)。此外,由于研究样本数量有限,相关的结论仍然有待在更广泛的样本中进一步检验。

第六章 我国样本高校工科学生认知发展的表现特征

第一节 针对样本高校工科学生认知发展的质性分析方法

工科学生认知发展的定量测量能够反映学生认知发展的整体情况。然而，学生认知发展的复杂性需要深入的质性分析来更好地挖掘学生认知发展的表现特征，总结其认知发展规律，并分析不同类型大学工科学生认知发展可能存在的区别与联系，为进一步挖掘与认知发展相关的因素提供基础。

本章运用质性研究方法，一方面挖掘三所大学工科学生在认知发展的不同阶段，特别是高阶阶段（情境建构立场和承诺立场）的具体特征和表现，进一步深化对学生认知发展现状的探索。另一方面，通过质性研究的深度分析，进一步探究工程教育改革实践下，与学生认知发展高阶阶段的相关因素。本章关注前者，后一问题将在下一章详细阐述。具体来说，本章将详细讨论：在佩里理论指导下，从质性研究的角度出发，工科学生在佩里理论认知的不同发展阶段，特别是高阶阶段，有哪些具体的发展特征，三所大学机械工科学生的认知发展现状相同与不同之处有哪些。

具体来说，质性研究通过半结构式一对一访谈获取数据。访谈提纲的设计综合了认知发展研究文献，采纳了佩里、Baxter Magolda 等学者，以及笔者前期质性研究中使用的访谈问题，并结合三所大学的教学实际，设计了一套半结构式访谈提纲（见附录 2）。每位访谈对象的访谈时间大约为 1 个小时左右。在顺序解说型混合研究设计的指导下，通过目的性抽样和自愿参与访谈的原则，本研究

共访谈 61 名学生,被访人员的学校分布和认知发展阶段分布情况如表 6－1
所示。

表 6－1　三所大学被访人员分布情况表

	本科生	研究生	总计
A 大学机械工程学院	15	7	22
B 大学机械工程学院	9	4	13
C 大学机械工程学院	14	12	26
总计	38	23	61

　　第五章研究结果显示,三所大学机械学院大部分工科学生认知发展整体水
平均处于佩里理论认知发展高阶阶段,即情境建构立场或承诺立场,仅有少部分
学生认知发展整体水平处于二元立场或多元立场。因此,质性阶段的抽样中大
部分学生也处于认知发展高阶阶段。三个学校被访人员具体情况见表 6－2、
表 6－3 和表 6－4。

表 6－2　A 大学被访人员相关信息

化名	人名	性别	年级	国际交流	企业实习	认知发展水平	二元	多元	相对	承诺
小玉	BA6	女	大二	无	无	M	2.65	3.33	3.23	2.63
小静	YA1	女	硕一	无	≤1 个月	R	3.10	3.22	3.92	3.75
小松	YA2	男	硕三	无	≤3 个月	R	2.45	2.89	4.00	3.25
小路	YA3	男	硕三	无	≤3 个月	R	2.20	2.67	3.85	3.63
小志	YA4	男	硕二	≤3 个月	6～12 个月	R	2.35	3.11	4.39	3.63
小晗	YA6	男	硕下	无	无	R	2.90	3.78	3.92	3.13
小骏	BA1	男	大三	无	≤3 个月	R	2.95	2.56	3.85	4.25
小兵	BA2	男	大四	无	无	R	2.95	3.33	4.23	3.25
小宏	BA3	男	大三	无	无	R	2.15	2.67	3.77	3.50
小鹏	BA4	男	大四	无	≤4 个月	R	2.15	3.00	3.77	2.88
小源	BA5	男	大三	无	无	R	2.90	2.89	4.00	3.63
小锋	BA7	男	大一	无	无	R	2.70	3.33	4.46	4.13

（续表）

化名	人名	性别	年级	国际交流	企业实习	认知发展水平	二元	多元	相对	承诺
小郑	BA8	男	大四	≤4 个月	≤3 个月	R	2.60	2.89	3.92	3.88
小蒋	BA9	男	大四	≤4 个月	3～6 个月	R	2.70	2.78	3.85	3.50
小刚	BA11	男	大二	无	无	R	2.20	2.67	3.62	2.50
小城	BA13	男	大一	无	无	R	2.20	3.56	3.69	2.50
小焕	BA14	男	大四	无	无	R	3.00	3.56	4.00	3.63
小袁	BA12	男	大二	无	无	R	2.40	3.22	4.69	4.38
小锐	YA5	男	硕三	无	≤3 个月	R‑C	2.05	3.00	4.00	4.00
小瑜	YA7	男	硕一	无	≤1 个月	R‑C	2.50	2.89	4.23	4.75
小昌	BA10	男	大二	无	无	R‑C	3.30	3.44	3.69	3.88
小贾	BA15	男	大三	无	无	C	2.60	2.89	3.54	3.88

注：人名标注中，BA 代表 A 大学本科生，YA 代表 A 大学研究生，字母后边的序号代表访谈的顺序。

表 6‑3 B 大学被访人员相关信息

化名	代码	性别	年级	国际交流	企业实习	认知发展水平	二元	多元	相对	承诺
小梅	BB3	女	大三	无	无	R	2.30	3.11	3.69	3.25
小倩	BB4	女	大三	≤3 个月	≤3 个月	R	2.45	3.44	3.69	3.38
小傅	BB5	男	大四	≤3 个月	3～6 个月	R	3.05	3.00	4.00	3.50
小研	BB7	女	大三	无	无	R	2.55	3.56	4.31	3.75
小旭	YB4	男	硕二	其他	≤3 个月	R	2.30	2.44	3.85	3.38
小凯	BB2	男	大二	无	无	R‑C	3.25	3.33	3.54	4.00
小棋	BB6	男	大四	其他	无	R‑C	2.00	3.44	4.54	4.38
小卢	BB8	男	大三	≤3 个月	6～12 个月	R‑C	2.40	2.78	4.00	4.13
小丽	YB2	女	硕二	其他	3～6 个月	R‑C	2.40	3.11	4.00	3.88
小恒	BB1	男	大二	无	无	C	1.60	2.78	3.85	3.88
小婷	YB1	女	硕一	其他	3～6 个月	C	2.65	3.00	3.23	4.00
小勇	YB3	男	硕三	≤3 个月	≤3 个月	C	2.50	2.89	3.46	3.75

注：人名标注中，BB 代表 B 大学本科生，YB 代表 B 大学研究生，字母后边的序号代表访谈的顺序。

表 6 - 4　C 大学被访人员相关信息

化名	代码	性别	年级	国际交流	企业实习	认知发展水平	二元	多元	相对	承诺
小陶	BC1	男	大三	无	≤3 个月	DC	3.90	4.00	4.00	3.88
小硕	BC2	男	大二	无	无	M	2.90	3.67	3.08	3.13
小韩	BC3	男	大四	无	≤3 个月	MR	2.55	3.44	3.38	3.25
小王	BC4	男	大一	无	无	R	2.85	3.22	3.46	2.88
小玲	BC5	女	大一	无	无	R	2.40	3.00	3.69	3.13
小李	BC6	男	大二	无	无	R	2.50	2.56	3.54	4.00
小柯	BC7	男	大二	无	无	R	1.90	3.11	3.93	3.38
小莲	BC8	女	大三	无	3～6 个月	R	2.05	3.00	3.31	3.13
小佳	BC9	女	大三	无	无	R	2.15	3.11	4.54	3.63
小吴	BC10	男	大四	无	≤3 个月	R	2.75	3.44	3.69	3.25
小胡	YC1	男	研一	无	1～3 年	R	2.85	3.11	3.62	3.63
小赵	YC2	男	研二	其他	6～12 个月	R	2.40	2.78	3.92	4.00
小戴	YC3	男	研二	无	3～6 个月	R	2.35	3.33	3.69	3.00
小骆	YC4	男	研二	无	无	R	1.95	2.78	4.00	3.38
小张	YC5	男	研三	无	无	R	3.10	2.56	3.77	3.13
小刘	BC11	男	大一	无	无	RC	3.70	3.44	4.00	4.00
小董	BC12	男	大三	≤3 个月	≤3 个月	RC	2.75	3.11	3.77	4.00
小涛	YC6	男	研一	无	3～6 个月	RC	2.15	2.78	4.62	4.63
小曼	YC7	女	研一	无	≤3 个月	RC	2.70	3.22	3.23	3.38
小兴	YC8	男	研二	无	3～6 个月	RC	2.60	3.11	4.00	3.88
小林	YC9	男	研二	无	6～12 个月	RC	2.35	3.67	4.08	3.88
小元	BC13	男	大四	无	≤3 个月	C	2.60	3.00	3.23	4.63
小亮	YC10	男	研二	无	无	C	2.70	2.78	3.31	3.63
小晓	YC11	男	研二	无	≤3 个月	C	2.45	2.56	3.77	4.13
小磊	BC14	男	大一	无	无	无	3.15	3.00	3.31	3.13
小军	YC12	男	研二	无	无	无	2.85	2.67	2.92	2.75

注：人名标注中，BC 代表 C 大学本科生，YC 代表 C 大学研究生，字母后边的序号代表访谈的顺序。

在数据分析过程中,笔者与其他编码员在反复阅读原始资料、熟悉访谈资料的基础上,先通过对 10～15 份信息丰富文本进行开放式编码,对编码进行概念界定与分析整合,形成初步的编码本(Codebook)。在分析完全部文本后,采用类属分析对编码本中的代码进行归类和进一步的整合。在此基础上,对文本呈现的趋势(Pattern)和主题(Theme)进行提炼。

第二节 工科学生在二元和多元立场的表现特征

在质性研究阶段,笔者共访谈了三所学校的 61 名机械工程学院的学生。三所学校的工科学生均体现了佩里认知发展理论的四个不同发展阶段中的不同特征。这些特征一方面与文献中有关佩里认知发展理论四个不同阶段的思维特征较好地对应起来,另一方面,也反映了工程类学生在不同认知发展阶段的特有表现。此外,由于认知发展的复杂性,同一名学生可能同时表现出不同阶段的认知发展特征。

三所学校中,大部分学生处于认知发展高阶阶段(情境建构立场和承诺立场),仅有少部分学生展现出了二元或者多元立场的思维特征。二元立场思维特征主要体现在,他们对知识的判断"非黑即白",在对待权威信息缺乏自我的判断。其学习内容倾向于以学业要求的范围为主,较少扩展自己的学习内容;学习过程较为被动,在考试压力或者他人督促下才主动学习,并且以考试成绩作为判断是否掌握知识的标准。

例如,A 大学的小玉受访时谈到关于老师的角色,她表示:

"因为我是不怎么主动学习的人,我不怎么去问老师问题,大部分大学老师在我看来就是照书上的讲一讲,我自己接受不接受,要看我自己的认真程度了。"

C 大学大二的小硕受访时提到,自己现有的学习习惯更多的是考前突击,以应付考试为主要目的。而在问到学习的内容时,他坦诚并没有花什么精力在考试以外的知识学习或者技能培养当中,他表示:

"我只要把自己的任务做完就行了,没有那么深入努力地去学习。"

像小玉和小硕这样的学生并不多见,他们的思维方式更多地表现出了二元或者多元立场的特征。多元立场思维特征主要体现在他们开始接纳不同的观点，即接受知识正确性的多样性，但是在判断知识正确性方面依然缺乏对信息、材料、证据等的批判性思考。

A大学的小静接受受访时提到她在老师课上的收获：

> "最起码你知道这个问题你可以这样解决，也可以那样解决，最起码你知道它不单单只有一种解决方法，解决方法很难说哪种是好的，哪种是不好的。"

基于本研究定量阶段的发现，三所学校大部分工科学生处于认知发展高阶阶段，因此，下面综合三所学校学生的访谈分析结果，重点介绍工科学生在认知发展高阶阶段（情境建构立场和承诺立场）的不同特征。

第三节　工科学生在情境建构立场的特征

情境建构立场是佩里认知发展理论的核心阶段。如何促进学生发展情境建构型思维是教育教学的重要任务。基于三所学校机械学院工科学生的访谈分析，我们总结了三校工科学生在情境建构立场的思维特征和行为表现上的一些共同特征，包括对知识本质的认识、知识获取的途径以及在情境建构立场与工科专业特别相关的思维特征和行为特点（见表6-5）。

表6-5　三所大学工科学生在情境建构立场的思维特征与表现

分类		编码
知识本质的认识		知识的复杂性和情境建构性
		不迷信权威、敢于突破权威
知识获取的途径	教师的角色	老师扮演指导的角色
		意识到教师的帮助作用是有限的
	自我的角色	学习态度/意识层面具有自主学习的意识
		获取知识上自己扮演主体的角色
		强调学习要有个人的思考和想法
		主动查阅文献、资料，搜集信息

（续表）

分类		编码
知识获取的途径	教学策略的选择	喜欢建构型教学模式
		学习策略层面，采用深度学习法
	同伴的角色	同学承担互帮互助、良性竞争的角色
		重视与他人交流与合作
	对反馈意见的态度	以开放包容的态度批判对待他人的观点
		感谢并希望得到建设性的反馈意见
		乐于从多角度客观看待事物的思维
工科专业相关表现		工程设计思维
		系统性思维
		分析性思维
		实践导向
		拓展性思维

（一）对知识本质的认识

首先从对知识本质的认识来说，处于情境建构立场的工科学生认识到知识的本质是复杂的，与所处的情境紧密相关、具有建构性，而非二元、非黑即白的，因此，这些学生不盲从权威的见解，敢于突破甚至超越权威的"正确答案"、从多个角度来认识客观事物。

大部分学生已经意识到知识的情境建构性，例如在对教材的认识方面，A 大学的小路提到自己专业的教材：

> "我是学热能工程的，学校里跟电厂工作有关的教材是二十世纪八九十年代的，教材内容比较落后，可能这个技术本来进步也没那么多。去实践或者参观后发现，真正有用的知识跟你学的知识差太远了，你学的知识就是点皮毛。所以我感觉我们这种专业如果要去工作的话，肯定要进行一个很长时间的培训，然后才能上手。"

学生体会到的知识的情境建构性也体现在工程专业上，小骏在谈到老师的作用时提到了工程知识的情境建构特点：

"我觉得是他(老师)挑出书本里的重点讲清楚,如果学生自己有兴趣的话,会把细节的东西再去细化。比如,我们学习一些零件,老师讲零件的大概,就是说一个比较普遍的东西,比如通用的理论,通用的原理,如果学生需要继续去了解这个原理的话,还得具体去学习,因为它还有很多的特例,有不同的情况,工况也不同,得学生自己去进行学习。"

对知识的情境建构性的认识并不局限在专业方面,B 大学的小卢谈到人生中各种各样的"选择"时表示:

"很多人说以前怎么样,以后怎么样,就是假如之前做了一个决定,后来想当初如果不做这个决定,结果是不是就不一样了。我对这种说法不太在意或者说不太认可。我一直觉得任何人在任何时候做出任何选择,就是基于他当时的立场,做出利益最大化的选择,再倒回去他还是会做这个选择。就是说你个人做事情的原则或者是判断原则在这里,你的价值体系在这里,所以你不可能做出其他更有价值的选择。"

在对待"权威"(例如书本、导师等)方面,许多学生提到能够敢于突破甚至超越权威的"正确答案"、从多个角度来认识客观事物。例如,A 大学的小静在回顾自己为毕业设计作品设计算法时提到:

"后来就自己搞了一套简单的做法,不停地去完善这个算法,一直到5 月初的时候,在实验室里面连续几天终于把结果搞出来,最后给导师看的时候,导师说这不是做出来了嘛! 整个人都特别开心,感觉自己超越了书本。"

除了对书本的超越以外,不少学生也提到自己在对待导师意见的转变过程,A 大学的小松谈到在项目进程中自己与导师交流过程的转变:

"他(导师)会告诉你今天必须这样做,明天他要过来看。一开始,我自己的想法也不会有很多,可能只能按导师的意思去办。现在,自己一直在做项目,会思考导师的想法是否存在考虑欠缺的问题,考虑导师的方法能不能实现。我可能一方面会按导师的想法做,一方面也肯定会把自己的想法融入进去实现一下。这样,和导师讨论的时候可能会更方便一些,我觉得这大概是一个转变吧。"

(二) 知识获取的途径

在知识获取的途径方面,大部分学生均强调个人在知识获取上所扮演的重要作用。几乎所有的学生都提到老师在方向指导上的作用,但是,不少学生也提到自己已经意识到教师帮助有限。在学习方式上,不少学生提到自己更喜欢问题式、项目式等建构型教学方式,在老师的引导下,或独立完成,或与小组成员共同完成一项课程设计或者项目等。在情境建构立场的学生倾向于独立思考与学习,不断自我反思与总结,综合运用知识,采用深度学习法,主动查阅文献,积极探索,及时调整学习策略,提高学习效率。此外,大部分学生都提到以开放包容的态度对待他人意见的重要性,希望更多地获得建设性反馈意见,重视与同伴的交流合作,实现互帮互助、良性竞争。

1. 教师的角色

学生们普遍提到老师在方向指导、引导学习方面的作用。例如,A 大学的小静在谈到课上的一位老师扮演的角色时说道:

"我觉得这门课的老师扮演了指引的角色。他(老师)一开始讲得很清楚,英文授课。给我们每个组都选择阅读的文献,每篇文献其实都是经过老师筛选的,他自己选择的过程都是有目的性的,希望通过这篇文献让我们有收获。比如,让我们在阅读文献后提出另外一种新的思维方式;其他组可以根据他之前讲过的知识或案例,更加直观地去了解新的解题思维。其实每篇文章都有老师想要传达给我们的内容,我觉得老师的这个角色扮演得很好,他本身想法也挺好的。"

在关于老师引导学习的方面,C 大学的小李也谈到在课上老师的引导过程:

"现阶段我遇到的老师基本上都不会直接告诉我答案,而是会从思路上引导我。比如说去年的机械制图课,主要是画图,然后找关联点,画一些点,一些线,那时候老师不会直接把答案告诉你,而是跟你说物体之间会有怎样的联系。如果出现新的知识点,他会把这种新的知识点用另一种形式表达给你,你自己再把这个知识点用在解题过程中。"

此外,老师对学生的指导也体现在答辩过程中,A 大学的小贾谈到:

"老师在答辩的过程中会给你一些建议,指出论文中存在的问题,由此能够反映出我们思考问题上存在欠缺。如果一个工程师设计或开发一个东西出来,比如说设计汽车上面的一个零件,如果没提前做好充分的思考,那可能会导致特别严重的后果。所以说,老师的指导会让我们在做课设过程中意识到自己考虑问题不是很周全。"

对研究生来说，不仅是答辩的过程，老师的作用也特别体现在项目方向的把握中，A大学的小兵提到：

"通过项目希望老师对自己的想法给予一些指点，毕竟老师的思维、想法更开阔一些。在与老师交流的过程中，老师给的一些很好的指点可以提升自身的创新性。如果不跟老师交流，自己可能会朝着一个错误的方向努力，我觉得这也是很多博士毕不了业的重要原因，他们朝着一个错误的方向做了两年、做了三年，最后发现什么都没有研究出来，还得从头再来。所以导师还是很重要的，他能够给你一些提升，指出正确的方向，如果不和导师交流，那么在学校读博和自己自学完全没区别了。"

当然小兵也提到了老师可能存在能力上的局限。不少学生都提到了老师在指导过程中所发挥的作用也存在局限，例如，B大学的小勇谈到：

"因为老师有时候想做的事情可能也不是他擅长的事情，或者他今年突然想换一个方向，因此也是作为一个新手来完成的，不能给予学生太多的指导，最多是方向性的指导。"

2. 自我的角色

大部分的学生都强调，自己需要在学业中具备自主学习的意识，在知识获取、项目实践等方面扮演主体角色，强调通过独立思考、主动查阅文献资料来搜集有效信息、解决问题。

针对"独立"，A大学大一的小城认为这是自己在进入大学以后最重要的收获：

"感觉自己确实和高中时期不一样了，大学收获了独立。高中的时候不会总是去想自己存在哪些不足，感觉身边教我们的老师都是一些经验肯定比我们丰富的人，相信他们是没错的。但是到了大学，感觉有些东西还是要自己去想、自己去发现、自己去揣摩，因为老师说的可能是错的，同学说的可能是错的，书本上写的也可能是错的。"

被访学生的主体角色不仅表现在具备独立思考能力，更表现在他们独立解决问题的过程中。A大学的小路在谈到自己的一个项目时提到自己在不同方面独立解决问题的经历：

"导师布置任务的时候，会让你买需要的材料，但有些材料很难买。比如说煤，我这个专业需要用到煤，但是煤在上海很难找到，然后我就不断地去问,打电话联系,跟社会中不同的人打交道,然后联系到吴泾码头那边有一个煤厂,就跟人家不断地联系,人家拉了煤炭过来,导师这边要开发票,最后给人家结账,这个过程中,跟人交流接触反而多一点,这也是一个学习的过程。"

在养成独立思考能力、独立解决问题的同时,不少同学也提到学习上需要具有主动性,C大学的小张认为:

"学习的主动性很重要,将来步入社会也没有人像现在这样教你,你在工作上不可能什么都会,还是要不断学习,主动去思考手中的项目,主动发现问题,有针对性地去学、去问。主动性对接下来的一生都非常重要。"

A大学的小锋在工程学习中非常注重自我探索,自己找知识学习并运用:

"其实自我探索,我觉得就是非常简单的过程。比如说我们需要一个单片机,类似一个小程序,你需要把它做出来,达到我们想要的效果,让它控制一个舵机,就要让自己具备这方面的知识,需要去学习知识,之后利用所学把它做出来,因此这是一个自己找知识,自己学习知识,然后再自己运用知识的过程。这就是我们自己的探索,也是每个小组成员共同探索的一个过程。"

A大学的小松描述了自己从被动到主动的发展过程:

"高中时的我可能跟很多人是一样的,老师在教,学生在学。本科刚进来的时候,我会觉得有时候也挺迷茫,不知道自己以后要干什么。尤其是像大一、大二要上基础课(英语或者数学)的时候,可能还有一点像高中那种教学模式,跟着老师去学。但慢慢的,尤其是做毕业设计的时候,就要主动去学,因为老师可能也有自己的事情,不一定能够时时刻刻去管你,好的老师可能一个星期让你汇报一次,每个星期掌握你的进度;忙的老师可能会让一个月汇报一次,甚至说两个月汇报一次,这样的话我觉得要去主动学习才能找到方向。到研究生阶段,不光要自主去学,更重要的是该怎么学,比如说对要学的内容怎样才能很快很好地把它掌握,这个可能比较重要,我觉得慢慢会向这个方面发展。"

类似的从被动到主动的变化过程也发生在B大学的小张身上:

"因为上小学、初中时我学习还可以,班主任老师就会着重培养,这样一来学习会有成就感,就会考高分。到了高中,来到了更大的一个平台,人才更多,你并不是那么拔尖了,于是就觉得学习可有可无了。因为你得不到像之前那种关注了,学习就不像以前那么上心。但是,在这个过程中你也在成长,你发现这是不对的,你学习并不是为了得到别人的关注,不是满足别人,而是为了将来,是为了自己,体会到这一点后,意识到学习应该完全靠自己,不是依靠别人,因此在学习上更注重发挥自己的主动性。"

像这样对学习重要性的重新认识,是不少学生经过理性的思考而重新感悟到的,例如 A 大学的小蒋表示:

"第二个印象比较深刻的可能是对学习重要性的认识。我感觉我刚入大学的时候,对学习是非常重视的。但是,慢慢周边人关于大学环境相对比较自由应该充分地发挥个性、多参加一些活动的言论多了,逐渐地就对学习重要性的认识打了折扣。但是,随着学年的一步一步增长,到了大四,虽然觉得有点力不从心,但是,越来越觉得学习还是非常重要的,它伴随着整个人的一生。要学的东西实在是太多了,不仅仅是书本上的知识,更重要的可能是如何去学习,通过什么渠道去搜集信息。我觉得这也是学习上一个比较深刻的例子。"

在独立思考与解决问题的过程中,几乎所有的学生都表示需要主动搜集相关信息,B 大学的小勇说:

"我们平时做课题最直接最主要的学习渠道是到网上查阅相关领域的论文,因为课堂的内容我们觉得是比较基础或者宽泛的,不能深入地去解决问题。"

他在自己的硕士课题中也花了大量精力来搜索资料:

"我硕士课题是做一个电机控制平台,之前没有接触过这个软件,网上相应的教程又非常少,我同学也没有做相关内容,所以那段时间自己查资料、自己把软件平台搭起来也是很不容易的。"

由于个人的主体作用十分重要,因此学习的管理也成为重要事项,B 大学的小倩表示:

"现在,我学习会先设立目标,然后分时间段管理。比如,我会用一些App,像嘀嗒清单这种,按照主次和重要程度去整理每天需要重复做的事情以及阶段性事情。我觉得比较有用的学习方法是你每学完一段时间之后,比如说一天之后你去整理然后回顾,自己今天在哪些课上大概用了多少时间。我是以半小时为一个单位,列一张表,看看自己学了哪些内容,框架是怎么样的,然后再进一步巩固。"

自主性学习不仅包括独立地学习,还包括能够积极主动地寻求帮助,从而完成任务。例如,B大学的小勇在参与电机控制平台项目时主动联系相关书籍的作者获取帮助:

"我一开始没有接触过电机控制平台的软件,老师一开始给了最基础的介绍文档,后面平台搭建要靠自己完成,在查找相关资料的过程中,我搜到过一本书,这本书上介绍过这个软件怎么用,我就发邮件给作者,然后他也很热心地提供了帮助。"

3. 教学策略的选择

许多处于情境建构立场的受访学生表示,自己在以学生为主体的建构型课堂环境中,从课堂讨论和参与开放式的课程设计中获益良多。而在个人的学习策略方面,也更愿意独立学习。

在以学生为主体的课堂中,学生独立探索或者以小组的形式进行共同探索,解决问题。A大学的小静谈到自己在一门专业课上作汇报的体验:

"我们那篇文章其实只有5页,看起来很短,但是我们在看的时候其实会遇到很多问题,我们就把文章后面的参考文献大概找出3篇去推导,然后去解决问题。"

以学生为主体的环境,以及老师有针对性的指导,让学生收获颇多。B大学的小丽提到:

"我们导师只规定一个研究大方向,我们得自己找论文沿着这个大方向走,不断阅读与这个大方向相关的文献,从中找出自己能做的题目,或者是能想到的一些创新点,然后自己再深挖下去。导师见识比我们多,遇到问题的话也会跟导师一起讨论交流,请他提供广度上的指导,把握研究进度。通过做项目,我们开阔了思路,提高了查阅文献的能力。"

当被问及本科到研究生阶段的老师们授课方式时,A大学的研一学生小瑜表示更喜欢参与式教学法:

"课堂的时间百分之八九十是他(老师)自己讲,百分之一二十会让学生做PPT讲。这两种方式我都可以接受,但更喜欢后者。因为学生在做PPT的过程中,参与的更多一点,对一个问题点的认识会更深,因为PPT呈现出来的尽管只有一行字,但是你为了准备这行字,需要去配一些图片,甚至动画或者视频,然后进行延伸,查阅相关资料,因此在汇报过程中,对自己负责的模块会有更加深刻的认识。如果课时充足,我非常建议采用这种方式,如果课程只有 32 个学时或者 16 个学时,那这种教学方式就不太现实了。"

A 大学的小贾也分享了自己对老师引导的看法:

"他(老师)在上课期间,在讲到一个知识点的时候,会引导你去思考,即使你的回答不是他想要的答案,但是如果他觉得这个是正确的,都会给你额外加分。他并不是那么死板,一直会激励我们去思考,我觉得这样的方式也特别好。"

处于情境建构立场的学生,在教学方式上倾向于以学生为主体、基于问题或者基于项目等的建构型教学方式;在个人学习策略层面,重视学习方法的总结,自我反思,从而指导下一步的学习。A 大学的小路表示:

"课业方面,在学习过程中不断地总结、提炼,形成自己觉得比较受用的笔记,然后再拿这个笔记指导自己复习。这个方法对于不同类型的课都适用。"

4. 同伴的角色

大部分处于情境建构立场的学生都提到了同伴的重要作用。在这一阶段的学生普遍认为同伴在自我的学业进步以及生活等方面扮演重要角色,他们能够从同伴那里得到建设性建议,与同伴进行友好的良性竞争,或是为别人提供帮助,因此,他们重视与他人的交流与合作。

A 大学的小静谈到:

"互相帮助在研究过程中很重要。比如说我们在研究这个文章的时候,你的理解跟作者要表达的可能有出入,你看完之后你是这样想的,他看完之后他可能是那样想的,两个人的思维可能都有点片面,那两个人讨论一下,可能就会更接近作者要表达的思想,因此这是一个互相讨论、互相进步、互相帮助的关系。"

A 大学的小骏谈到在实验课中和同伴之间的互动时表示,

"我觉得我也很乐意操作这些仪器、得到数据、写报告。我自己本身有这个时间和能力,也不存在什么互动的问题,因为我还是很细心地听老师讲课的。做实验的时候,一般我的思路是对的,所以应该能够说服他们,而且也会知道哪些人的意见是比较有建设性的,然后可以跟他们商量。"

与同伴的互助合作也体现在各种项目活动中,A大学的小静谈到自己参与一个创新大赛产品设计的过程:

> "这个最初的想法主要是我跟我室友提出来的,因为我们平时待在一起的时间长,有什么想法就两个人互相讨论。在比赛中,我们主要做硬件部分,软件部分交给一个学计算机自动化的同学,他去做软件编程,现场答辩是交给另外一个同学,本来老师让我讲的,后来给他一个机会让他去讲,拉票的时候我扮演的角色比较重要。"

这样的交流与合作让学生的思维产生碰撞。例如A大学的小路谈到:

> "这个还是挺有帮助的,如果大家能在项目中合作,大家互相讨论,思维产生碰撞,不断交换彼此的进度,就会知道他做了什么,我这边做了什么,我们之间互相还需要做什么。"

同伴之间的学习可能涉及许多不同的方面,例如,C大学的小佳坦诚地表示:

> "有一个智能车社团,社员们基本每天都泡在实验室,做自己的项目,自己去创新,我特别佩服他们。比如说有的同学成绩可能不是很好,但是在绘画、唱歌方面或者是在其他一些创新方面都非常有天赋,所以他们也可以成为我的老师。"

如同小佳一样,许多学生都谈到课外活动中的相互学习对自己的正面影响。A大学的小贾说道:

> "上面的(某社团)主席团对我来说可能就是我奋斗的一个目标,他们真的是给我起到一定的指引作用。有很多同学可能觉得参加社团工作可以在毕业的时候增添一笔亮点,还有的人觉得其实就是为了去认识更多的人,向一些优秀的学生学习。我参加社团其实就是想接触更多的人,见识更多的事,参加后,发现见到的人都是优秀的,接触的事情是很有意义的,接触的圈子不一样了,接触的东西也跟之前不一样了。"

5. 对反馈意见的态度

处于情境建构立场的学生能够以开放包容的态度接纳与批判对待他人的观点,对待问题和分歧能够商量解决,认识到自己思维的局限性,认识到他人观点的价值,如果别人的想法很好,他们便会及时改变自己原有的想法,对待别人的反馈能够采用批判的眼光分析和对待。此外,他们乐于从多个角度来看待问题,以此拓展自己的思维。同时,他们也非常希望得到建设性的反馈意见,从而更好地解决问题。

这些观点和意见可能来自老师给予的帮助,例如,C大学的小军认为:

"我感觉老师给予的帮助主要是对思路的启发。因为每一个老师应该说是不同领域的精英,每一个老师都会带你进入一个不同领域,然后给你讲一下不同领域的知识,这样可以拓展你的思维和思路,了解不同领域之间的交叉点。"

也可能是来自身边很多优秀的人,如C大学的小赵认为:

"我感觉思路方面还是要打开一点,要把握住一些形势,从这点来说还是要学习的。在整个科研过程中,包括学习一些思路,跟老师探讨一些东西,这个过程中有很多东西不是一下就能解决的,我们都是通过不同的方案来进行解决,但是你想到的方案和老师的又会不一样,面对一个问题的切入点不一样,因此要向身边比自己优秀的人学习,这一点是非常重要的。"

处于情境建构立场的学生希望得到建设性的反馈意见,不仅是学业上的,也包括生活上的,例如A大学的小锋:

"老师说的那些知识性、实际性的建议倒是对我有直接的意义,那些比较高深的,例如人生态度之类的建议,我现在倒是体会不到其中的道理,但时间长了之后我觉得就会慢慢悟出其中的道理。我现在也不可能一下子理解,毕竟他们的人生经验比我多多了,我也不可能一下子理解他们的意思。所以一个是直接对我有用的,一个是我后来会慢慢体会到的,这种直接和间接的知识对我来说有不同层面的意义。"

有关生活上的帮助,A大学的小鹏谈到:

"我觉得不一定非得是老师夸你才是比较好的建议,有时候不管是老师还是同学,他们都能够及时给你指出一些缺点,包括学习上的一些不好的习惯,不单纯就是知识上的一个错误,还有理解问题的方法,以及你生活上一些不好的习惯或者是一些性格方面的问题。他们能指出你的缺点,我觉得这样也是挺好的。"

学生思路的开拓还体现在了对专业的理解上,C大学的小李在谈到自己的专业时表示：

> "个人比较热爱机械专业，同学们认为学了机械就等于进了大工厂，感觉未来都是工厂和机器，但我觉得应该不是这样，机械不仅仅是加工和制作，机械的本意我觉得是为人类服务，改进人类的需求，让生活更加美好。即使进入高科技社会、信息时代，机械依然能够造福于人类社会，我希望能够通过学习我所爱的机械专业而做到这一点，更希望联系我的同学们一起做。"

思路的开拓也可能是由于与来自不同专业学生的接触而产生的自我反思，例如 A 大学的小蒋：

> "我觉得不同专业学生经过大学四年的培养，形成的一些思维方式也不同。身边有那种逻辑能力非常强的人，但大部分人的逻辑思维都会有一点点不完善，与不同专业学生接触，能弥补各自的思维局限性。比如工科学生可能更多想的是把东西都量化，非常理性地去看待一些东西。但是，有的时候，可能生活中并不都是一些可以量化的东西，有的时候你也需要比较感性地看待问题，综合理性思维和感性思维，才会考虑得更加全面。我觉得不同学院培养出来的人气质也不一样，这跟个人也有关系，比如我去上马克思主义原理这种类型的课程，我觉得他们是非常有正义感的人。文科生可能比较浪漫或者是小清新，工科可能相对来说比较务实一些。我觉得了解不同人的性格或者气质，看看自己还缺少什么，有的放矢地去学习也是蛮重要的。"

对不同思路的体会也可能体现在对不同文化的认识和体验中。A 大学的小锐谈到：

> "到法国交流这一年印象很深，他们非常侧重 group work（小组作业），来到 A 校，也的确是这样。但是法国人的思维跟美国人完全不一样，美国人的 group work 就是天马行空的风格，因为我在这边有见到美国的学生，他们的思维就是这样，他们喜欢头脑风暴。法国人则不同。因为我去的是工程师院校，我感到法国人是在框定领域，针对一个问题大家一起思考，他们更倾向于解决问题，美国人可能更倾向于想法，我觉得这可能是完全不一样的思路。"

在面对不同思路的时候，学生逐步能够以批判的方式来看待问题和观点。

B大学的小倩谈到：

"还有就是自己建立一个自己看待事物的坐标系，不会人云亦云，而是你很有自己判断的一套方法，你还会和不同的意见或者你有疑问的时候能够有效地沟通，想办法去解决问题。"

（三）体现工程特色的思维方式与行为特征

通过对三个大学工科学生的研究发现，处于认知发展高阶阶段的学生，即情境建构立场和承诺立场的学生，展现出了一系列具有工程特色的情境建构立场的思维方式和行为特征。这些思维方式与行为特征在课内外的项目式教学中表现尤为明显。具体来说，这些思维方式和行为特征包括以下几个方面。

1. 工程设计思维（Design Thinking）

在限定条件下进行设计是工程设计思维的核心，也是情境建构立场的思维特征。学生能够意识到不同的限定条件，在限定的条件下进行设计，寻找最佳方案。例如，A大学的小鹏在做专业课程设计作业时，提到课程设计作为一个与实际紧密结合的工程项目，为自己带来的收获很大：

"但是在实现过程中，你又不能违背基本的专业知识原理，而且还要分析它的可行性，因为有的时候可能你这个想法是好的，是能够实现的，但是它的成本很高，经济性不太好，所以也没有被使用的前景。所以我觉得工程学生在做一个工程项目的时候，需要考虑的方面其实是很多的，包括专业知识、经济成本，还有就是从使用者角度考虑产品的实用性和应用前景，因此整个过程下来，我的收获很多。"

学生在考虑技术因素以外，还特别考虑了商业因素，这一点在参与实践创新类竞赛的学生中特别明显，例如A大学的小静：

"在创新创业大赛中，如果能设计出一个有比较成熟规划的、给人耳目一新的产品，假如有企业觉得它比较好、可以投入生产，则需要考虑商业隐私，创业部分要写商业计划书，最后提交类似商业计划书的东西。"

A大学的小锋在参与实践创新类竞赛的时候，特别考虑到产品的包装与表现，从而更好地将产品的功能展示出来：

"当把这个产品完成的时候，我们又需要转换另一种思维，就像我们老师说的，需要转换成项目管理思维——把这个产品推销给那些专家，通过更好的包装把它的功能表现出来，从而得到不同的效果。"

2. 系统性思维（Systematic Thinking）

除了意识到不同的限定条件，学生还需要统筹全局，从时间、资源、效果等不同的方面来对项目进行系统性分析。例如 A 大学的小瑜在参与实践类创新比赛中锻炼了自身的系统性思维：

> "在有限的时间（四天三夜）里，用已有的资源去解决问题，因为身边的资源可以在最短时间内获得，基本上第一天你就得想好，哪些能做成功，哪些做不了，身边哪些东西是可以利用的，这些东西买回来需要多长时间去做，相当于一种小的公关任务。还有分析一下这个问题我们能解决多少，得分相对不一样，需要简单分析一下，我们可以做其中的三个点，等于说另外一两个点就要放弃。整个过程是从头自己搭建一个系统，完成后找老师联系校园里的小工厂进行加工……"

进行整体的规划和进度安排也是重要的组成部分，如 A 大学的小骏在总结自己参与的各类科研项目活动时提到要做好进度和规划安排：

> "所以我觉得更重要的是在不同的项目之间，体验他们不一样的地方。我的收获是工程项目要提前规划好进度，考虑到很可能出现的工程问题，你的设计方案跟你实际的操作过程当中会有很不一样的地方，得预留好解决实际问题的时间。"

3. 分析性思维（Analytical Thinking）

系统性思维与分析性思维共同成为工科学生在各类工程教育实践活动中的重要思维特征。例如，在谈到关于如何做好项目整体思路的设计和分析时，A 大学的小松说：

> "我们做的这个项目主要是把水烧生汽，气体进入旋转机械推动叶片做工作。其实一开始，我们也不知道它表面并不是一个很平整的结构，而是有很多装叶片的地方；也不知道最原始的模型能不能用，以及要不要把叶片全都放进去。后来，因为控制液力肯定也是控制最大叶力，我们就把这种模型的最大叶力算出来，抓住了主要矛盾，最后设计出模型。"

分析性思维在大部分的工科学生参与的各类科研项目学习中都得到了充分的锻炼，比如 B 大学的小棋在谈到自身项目遇到问题的时候表示：

> "解决问题的方式方法，最基本的就是先要把理论知识搞懂，从知识本

身出发分析那道题的做法。像项目的话,就是遇到问题要从问题的根本出发,寻找问题的根源在哪里。如果这有一个问题,你要先分析它更细小的问题是怎么样的,先解决细小的问题,然后慢慢的大的问题自然而然就迎刃而解了。"

此外,分析性思维还表现在,工科学生对不同的方案进行比较,且在项目进程中展开可行性分析。如 A 大学的小袁在做毕业设计的时候针对问卷的可行性问题进行了分析:

"但是我们想的就比较多,做问卷有什么弊端,它的可行性如何,它搜集到的信息的真实度怎么样,能不能反映大多数人的想法,再就是我做问卷是不是有人愿意填,是不是需要花费一些东西,然后让他们愿意填,填完了结果是否真实……考虑多了不一定是好事,但肯定不是坏事,至少让我知道事物有它的一个理性的过程,而不是我随随便便想到一个东西就直接去做。"

C 大学的小董面对同一个问题能够提出并且对比不同的方案:

"对一个问题,可能会给出好几套方案,然后对比一下,看哪套方案更简单、更实用,经费花的更少一点,更经济一点。"

在分析的过程中,反复进行尝试也是重要特征之一,例如 B 大学的小勇:

"我觉得有时候突破就在一瞬间,突破是建立在之前不断积累的努力上,我尝试过 N 种方法,有一种方法突然对了。"

又如 B 大学的小傅在谈及斯特林小车设计时面对问题要做出各种调整:

"因为斯特林小车涉及密闭的气密性,当时调整了很久,包括电池,车子走得也不直,加工也有问题,需要不停调试。"

分析性思维很好地体现在了 A 大学的小鹏和同伴设计自动取作业本的小机器人的整个过程中:

"课程设计作业需要自己设计一个东西,想一个结构,因为我们现在有的教室人很多,发作业本的时候很不方便,有时候老师上课有作业本,又没有课代表,都是自己上讲台前面去拿,一到下课,讲台前面就聚集了很多人,这么翻一是效率很低,二是还有可能给弄丢了,我有几次作业本就找不到了,所以我们当时就想有没有办法可以设计一种机械设备,能够帮助我们自动取作业本。我们想的是,刷一下学生卡,这个机械设备能够把我们作业本直接取出来。针对这一想法,结合课上学的机械零件知识进行一步步的分析,列举了很多方案,最后有了一个比较可行的方案,利用凸轮,传送带,摩擦轮,使得一摞本子实现一个一个地分离,再通过摄像头,扫描作业本上的学号信息,储存到电脑里,再通过传送带把它运送到每个班里,刷卡的时候,计算机就能够通过识别学生卡的信息和它之前储存的这个信息匹配,然后就能够通过后面的这个推杆,机械设备就可以走到你的作业本的位置,帮你把作业本给推出来,通过某个窗口把作业本取出来。基于这样的设计思路,我们做了三个模型,通过仿真的形式,测试一下是否能实现,最终仿真效果也不错,我们这个设计还申请了一个专利⋯⋯"

4. 实践导向(Practical Oriented)

从上面的例子可以看出,小鹏首先就从实际需求出发,也考虑实际的应用。实践导向是学生表现出来的一个重要的思维特征,也是情境建构立场的思维特征。实践导向的思维方式将实际应用的各种需要、条件、因素纳入考虑范畴,例如 B 大学的小傅谈到自身暑假做的机械臂的项目应该要考虑实际可行性:

"我不知道是不是他们的教学方式是这样,他们对于工程似乎不是那么严谨,我们暑假做的机械臂的项目,机械臂肯定要有电机,电机要有固定方式。他们负责的那部分机械臂模型最后给我们的时候没有任何固定方式,他们的电机是悬空的,让我们很懵,我说你们难道不考虑一下固定电机吗,他们说只是做一个概念图而已,但是我们做工程是不是应该考虑一些实际情况,考虑一些可行性。"

再如 B 大学的小张,他重视实际应用,能够将理论知识转化为生产力,这也是实践导向的重要体现:

"但是像我接触到实际应用问题的话,要考虑很多因素,所以对于学习我觉得就是应该把理论的知识真正转化为生产力,能够投入到实际中使用。我希望我研发的这个生产线最终能够用得上,为社会创造一些效应,能够为企业提高生产效应,关键还是应用为主,实用为主。"

具有实践导向思维特点的学生重视将理论与实际相联系,A 大学的小鹏在设计自动取作业本的小机器过程中充分体现了这一点:

"通过这样一个过程,你能够把你上课学到的东西进行运用,就比如说智能车。智能车是有一个电路板的,这个电路板的设计用到了电工课上学的内容,电工课上学的知识帮助你看懂电路板,知道到底做得是好、是坏。能把你之前学的知识运用于实际,我觉得这个过程也是蛮重要的;再一个可能就是做工程你要考虑的因素,做自动取作业本机器人的那个过程,对我帮助都很大。"

A 大学的小贾表示课程设计将理论与实践结合起来,起到桥梁或者过渡的作用:

"课程设计发挥了理论到实践之间的一个桥梁或者过渡作用,课程中,老师讲的是理论的内容,你做课设的话就是怎么把理论变成实践。在实际工程中,比如加工电镀成线等一定要考虑到误差等等,这些东西就是在加工或者是最后在做出成品的过程中才会需要的东西,在理论上可能不需要,但是我们在做课设的时候是需要考虑的,包括设计方案的可行性等,这就是把理论变成实践的过程。"

5. 拓展性思维(Broadened Thinking)

工程教育改革背景下,工科学生表现出思维的拓展性,具体体现在学生能够从教师和他人的反馈中意识到个人思维的局限性,如 A 大学的小贾:

"反馈让我知道还有很多东西欠考虑,比如课程设计老师会反馈有很多问题欠思考,考虑得不是很周全,还存在知识的漏洞等。"

A 大学的小志在做项目的过程中看到不同教育背景的学生在创造性思维方面的区别:

"不是说中国题海战术完全无用,在培养逻辑思维方面是比较有帮助的,但是它也会扼杀一定的创造性。在实习、做项目的时候,你会发现中国学生的思路是比较中规中矩的,有些看法不像外国人什么东西都敢试,什么东西都想的出来,各种奇招、怪招。"

综上,可以看到,处于情境建构立场的学生除了具有佩里所描述的在对知识本质的认识与知识获取途径上的相应表现以外,表现出的具有工程特色的情境建构思维和行为特征与我国工程教育人才培养的趋势和目标相契合。处于情境建构立场的学生能够在限定条件下进行工程设计,具有工程系统性思维、分析性思维和实践性思维,而这些特征和表现与"卓越计划通用标准"中关于工程人才的分析解决问题能力、危机处理能力、创新性思维和系统性思维的能力等方面的要求非常相符。此外,处于认知发展高阶阶段的学生更好地展现出在有限的资源和条件下解决问题的思维和能力,更具备市场与质量等商业意识,这些能力与特点都与"卓越计划通用标准"的要求相契合。同时,处于认知发展高阶阶段的学生更看重与他人合作,且在团队合作中具有全局意识,这些方面与"卓越计划通用标准"中对人才交流沟通能力、团队合作能力的要求相一致。

第四节　工科学生在承诺立场的特征

根据佩里理论,处于承诺立场的学生不仅在学业上应用情境建构型思维方式,更在生活的方方面面开始应用这样的思维。因此,本阶段学生的思维特征和行为模式更多地体现在他们对自我的认知,对事业、家庭、社会的认知,以及体现在他们做决定的过程当中。基于三所学校机械学院工科学生的访谈分析,我们总结了三校工科学生在承诺立场的思维特征和行为表现上的一些共同特征,包括他们在认识论层面、自我意识层面、决断层面、责任感与使命感层面的一些思维特征和行为模式(见表6-6)。

表6-6　三所大学工科学生在承诺立场上的特征

分　类	具　体　特　征
认识论层面	对"学习"具有多立场的理解和认识
自我意识层面	能够比较清楚地了解自己内心的需求
	独立意识
	主动对自己的未来进行规划和准备
责任感与使命感层面	对选择的事情主动承担责任,认真负责
	团队中的责任感
	家庭的责任意识
	社会责任感
决断层面	自己是选择与决定的主人
	对自己做出的决定不后悔
	做决定能够有自己的综合判断标准

（一）认识论层面

首先，在认识论层面，处于承诺立场的学生对学习的认识有了本质的变化，他们认为学习不仅包括知识的积累、技术的掌握，更为重要的是包括想法和眼界的提升、思维方式的提高或态度的转变。学习的价值在于变成"更好的人"，大学教育应该给予学生思考方法，而知识则是次要的。

A大学大三的小宏针对大学教育表示：

"我觉得大学的课程主要是给我们一些思考的方法，怎样去想事情，怎样去做事情，知识是次要的。我现在的想法并不认为学习有多么重要，我觉得上学可能学的东西不是太多，学习做人、做事的方法，拓宽一下自己的视野和见识是最重要的。"

A大学大三的小晗也表达了类似的看法：

"大学的意义在于培养了你对自己人生的看法、对生活的看法，感觉上虽然是比较虚的东西，但是我觉得可能反而比具体的专业知识更重要……"

可以看到，处于承诺立场的学生们认为，思考问题的方法、对自己人生或生活的看法比知识本身更重要。大学教育中，教会学生如何思考、如何做事情、如何做人、如何与人打交道等要比学习知识本身更重要，这些都在一定程度上展示了处在承诺立场的学生对学习观的思考。再如，A大学的小锐谈到他关于学习的看法：

"我觉得知识是很重要，但是最重要的是和人打交道，我觉得这个话说出来可能比较的幼稚，但是我觉得你很真诚地对待别人，不管是你的老师、你的同事……你只要非常真诚地对待一个人，他就对你没有恶意，即使他对你有恶意，可能合作得也非常好，他对别人很坏，但对你会很好，从这点上来说，对于你自己的发展，对于以后的工作都是非常有帮助的，所以我觉得最重要的是和人打交道。"

B大学的小婷对学校教育的责任阐述了自己的见解：

"我觉得除了学习专业知识以外，学校也应该有责任教会我们一点，到底应该怎么看待周围的一切。因为我感觉现在的学生毕业踏入社会的时候，真的还是一个'傻白甜'，什么都不知道，到底要怎么看待社会上的各种现象，学生基本上还不是很清楚。比如说现在我要走向社会，我是一个理工科毕业的学生,我怎么看待销售这份工作,以及做研发这份工作,怎么看待毕业以后走上哪一条人生道路,怎样做选择,将来可能要面临什么。比如你要做科研,有没有想过科研这条道路是什么样,将来你在这个城市里能不能生存下去。可能学生的视野只是学校里看到的一小部分,我们将来到社会上应该怎么办。还有一些就是怎样生活,比如我们找工作,现在像华为提倡狼性工作制,总是要加班加点,很多学生也是趋之若鹜地选择了这样的工作,我们到底应该怎样看待这样的工作,有了这样的工作,基本上就没有了自己的生活,将来自己的生活和工作又怎么协调,将来要结婚生子,你的工作和你的生活如果没有办法很好地平衡,又该怎么办呢?"

C大学的小张,在谈到老师对他的帮助时说:

"他(老师)会给你指明方向,让你从什么角度去思考,看什么书。因为他要和企业打交道,他要找生产厂家,所以这些事情他都是让我去联系,这样不仅在知识、专业内容方面能够教到我,关键在社会交际这一块,他也让我学会了如何管理,以及谈判的一些技巧等,我觉得挺好的。"

在被问及理想的导师时,B大学的小婷谈到:

"(理想的导师)可能会有更多的人文情怀,他能领导我们,用一种更平和的心态去看待生活。比如我们遇到了很多困惑,在提出来的时候,他会给我们很多引导。"

当然,有些学生也指出,这些思考问题的方式并非大学授予的,C大学的小元表示:

"我爸经常跟我说,上大学不指望你学到的知识很多,重要的是一种思考问题的方式,虽然到现在我还不是特别有体会,我觉得我思考问题的方式有一些改变,并不是大学教的,而是我生活中遇到的很多事情带给我的。"

(二) 自我意识层面

通过整理访谈数据可以发现,承诺立场的特征之一体现在自我意识层面,学生们更能够比较清楚地了解自己内心的需求,懂得倾听内心的声音。他们形成了更为清晰的独立意识,包括思想上、生活上、经济上和人际交往等方面。他们基于对自己内心需求的解读和认识,更主动地对自己的未来进行规划和思考,对每个阶段的自己进行反思和总结。处于承诺立场的学生在自我意识层面的特

征,其具体表现如下:

1. 能够比较清楚地了解自己内心的需求

处在承诺立场的学生会对自己的内心需求进行解读与剖析,主动思考自己想要什么样的生活,想成为什么样的人,自己适合做什么,懂得倾听内心的声音。比如 A 大学的小松提到:

> "我们常常会思考自己想要什么样的生活,想要把自己变成一个怎样的人。你考虑你自己以后要去做什么,我觉得慢慢就沿着这个方向做一些调整。因为很多时候,结果跟你想的会不一样,你怎么去保证你想要什么,你要怎么去达到这个目的,大概是这样的。"

B 大学的小恒描述了自己慢慢寻找人生方向的过程:

> "至少知道了我的人生方向。之前一直在随波逐流,别人说什么,我就做什么。来到 B 大学也很偶然,刚上大学的时候整个人都很昏沉。大一以后,听到室友说他想出国,听到很多朋友也要出国,觉得自己应该也要出国,就是这样一个状态……没有想过自己到底适不适合出国,后来又听到朋友在出国以后的一些经历,我觉得那边的生活不适合我,我可能没必要去这样做。后来我觉得既然不出国的话,肯定是要去考研……"

A 大学的小源在谈到自己对大学的定位时表示:

> "我对上大学后的自己的定位是首先必须要心智更加成熟,你在进入大学之前,或者离开大学后,你在考虑问题、对自己未来规划或者看待人情世故等方面的能力要求肯定是不一样的,我觉得比较重要的一点就是你要知道自己适合去做什么,你要找到一个自己以后的方向。"

可以看到,这些学生都在对自己的经历进行反思并对他人的经验与建议进行剖析,也开始能够比较清楚地了解自己内心的需求,找寻自己的人生方向。

2. 独立意识

受访者在逐渐了解自己内心需求的过程中,也展现了明显的独立特征,无论在学习上,还是生活、思想、为人处事等方面都逐步地形成独立思考和独立解决问题的能力,逐步达到学习上的独立、思想上的独立、经济上的独立以及为人处事上的独立。有的学生提到,大学后发现学习越来越靠自己,以后所走的道路也越来越靠自己;生活上有的学生不再依靠父母,经济上几乎可以独立;面对人际交往上出现的问题依靠自己去主动解决。独立意识从学习扩展到生活的多个方面，自己由此成为人生的主导者。

A 大学的小刚谈到：

"进大学之后我发现以后学习越来越要靠自己了，因为我们高中是题海战术，老师一般情况下把所有的资料一股脑给你，你完全被动地去接受，你不需要自己去找什么东西也可以获得很多。但是，大学的时候，就是你要想学什么东西，你必须自己去找，自己去学习这个东西，没有人会义务地提供给你，或者说强迫你去干，你的学习或者你以后走什么样的道路都是要靠自己去想。"

C 大学的小柯对经济独立的难度开始有所感悟：

"感觉赚钱不容易，不比在学校里面轻快，虽然之前也知道，但是自己经历过之后感受更深一点。之前的话我没生活费了就打个电话给父母，后来我知道原来赚钱挺困难的，所以以后花钱肯定会收敛一点，自己也会勤工助学。"

A 大学的小鹏谈到主动解决人际关系上的问题：

"就比如说我们同学之间可能有一点矛盾，彼此脾气不和，也不单纯是谁对谁错的问题，可能就是因为他做事，你看不顺眼，或者你做事他不习惯，碰到这种问题的话，你就要自己去面对，因为像这种矛盾你跟老师讲肯定是没有用的，而且父母也不在你身边，沟通起来也不方便，但是这种事情确实是挺影响心情的，也挺影响整个人的状态的，所以自己就要去想到底是哪里出了问题，怎么去改变自己、调整自己，怎么去改善这种现状，自己想一些方法，包括先从自己做起，学会换位思考，从别人的角度去想，我这样做对他到底是不是有影响，而且你要试着多去沟通，不要老是等着别人来去找你，你要把自己的想法跟别人讲清楚，然后再去听别人的想法，这样就是有什么问题，我觉得其实都是可以解决的，但是这个解决的过程，是需要你自己去做的，因为你不做，别人是不会帮你做的，我觉得什么事都不要太懒。"

形成独立意识的小卢(C 大学)悉心维护自我的空间：

"因为我觉得对于现代人来说，每一个人的生活都是有边界的，不管是你父母也好还是女朋友也好，你在边界之外，站在那个边界上就好了，你不需要越界。所以有的时候我妈问我在忙什么，我说我在搞我的项目，她说项目是什么，我说你不要问那么多好不好。因为我觉得每一个人都应该有自己的空间,你可以把它称之为自己的一方天地,或者说你的初心,你不想,也不愿暴露给任何人看。你思考的过程,你判断的过程,你所有东西形成的过程,不需要暴露给任何人看,在这个地方你只有你自己,这才是你最真实的自己。所以有时候当有人触及我这一块东西时,我会主动把它屏蔽掉。"

3. 主动对自己的未来进行规划和准备

学生在对自己内心的需求进行解读后,开始思考自己到底是怎么样的人、想要的生活是什么样子、自己适合做什么并主动对自己的未来进行规划和思考。由于已经具备一定的生活、经济、人际关系的独立性,他们也能够主动对未来进行更加长远的规划,描绘与实现自己的目标。

首先,他们进行回顾性的承前启后的反思,如 A 大学的小锐:

"每走一步,我就会对前面走过的路做一下回顾,反思一下我学到了什么或者得到了什么,下一步我想做什么要想清楚。"

其次,开始阶段性的规划,如 A 大学的小瑜谈到关于保研的阶段性目标和计划:

"为了实现保研这个事,我会主动抓一些课,放一些课,比如说这课值一学分,可能复习一下就能考个好成绩,我考个七八十分过了,那课值三四个学分,那么时间集中到那,考个九十多分,决策上放弃一些重要性小的。"

B 大学的小卢也为自己的未来进行着阶段性的规划和实践:

"我现在是一边在实习一边在做自己的项目。我们报了上海这边的项目,大概在 20 号之前我们小组要做完一个有关长租公寓的案例,所以在做这一块的调研。"

B 大学的小婷为将来的工作进行了阶段性的实习计划:

"因为我要找工作,所以我想学一些对将来工作更有用的东西,我希望自己在动手实践方面更好一些,希望把自己的知识面拓宽一点,不求深,但求广,就是按照这样一个思路去进行。"

此外,受访者认识到规划和选择也具有情境性,能够根据环境的变化及时做出调整和适应。比如 A 大学的小路提到,根据环境的不同,自己也需要不断调整姿态面对各种各样的情况:

"最重要的收获可能是自己自学的能力,到将来工作的时候肯定还是要用到的,怎么样去学习,这个东西是最关键的,也许现在学习的方法只适用于以前或科研学习的过程中,但是我觉得自己的学习方法可以不断地改进,不断去适应工作中的新情况。因为环境不一样,在学校,这个学期我考试如果说有一套方法,如果把这个方法运用到工作中可能就需要改,我觉得工作后涉及的东西更复杂,单纯地用应对考试的那套方法是无法解决的,自己将来应该有一个不断调整的姿态来面对以后各种各样的情况。"

从一开始的迷茫到现在主动规划,做事有明确的目标和计划,按照事情的轻重缓急进行排序,A大学的小焕:

"自己之前比较被动,特别是高中的时候基本上是老师发什么就学什么。到大学我的自由度多了很多,有些课靠临时突击也是可以过的,自己闲暇的时间就会很多,特别是大一。但玩得久成绩偶尔就会下来,自己就会感觉很后悔,觉得把时间都浪费掉了。然后就痛定思痛,觉得应该做好计划,不仅仅是学必修课还要去找自己喜欢看的书,给自己定阶段性目标,最重要的是给自己确定一个方向,提早做好规划。"

规划的思维和习惯渐渐养成,如A大学的小骏:

"大学就不一样,学的东西很多,更多地体现在自主规划上。可能高中之前或者小学初中也有时间分配规划,但大学更多的规划体现在如何按照事情的轻重缓急来排序。我不会计算机,但计算机又是不可或缺的,我首先要做的是先学会计算机,自然而然就出现一个谁对我来说重要谁对我来说稍微不重要的认知,就是有一二三这样排序,这就是一种规划思维。"

在更明确的目标的指引下,做事效率则更高。如A大学的小蒋:

"大三、大四会更有计划地去做一些事情,因为你需要列计划,你就会想你这些计划最终是为了什么。我现在记忆力确实也非常强,因为我有计划去做这些事情,带着一个目标去做效率会更高,而且,效率一旦高起来,结果就会非常好,结果非常好,自己记得自然也就非常清楚。"

B大学的小梅也有类似的经历:

"后来我慢慢发现自己想清楚要做什么之后,做什么事情都会很有干劲,因为有一个推动我的力量,事情做起来会越来越好,我觉得有目标很重要。"

(三) 责任感与使命感层面

随着学生独立意识的不断养成以及自主规划的思维和意识的增强,他们对自己选择的事情能够主动承担责任,在社会、团队、家庭中的责任意识也不断增强。

1. 对选择的事情主动承担责任,认真负责

A 大学的小瑜谈到自己参与学生会的工作经历:

> "做学生工作很多时候我觉得是一种责任吧,就是这件事情你做好了可能没有任何人表扬你,但是如果你做错了,可能就惨了。"

这样主动承担责任、认真负责的态度也渐渐影响了学生的性格。A 大学的小贾谈到自己在兼职工作后的收获:

> "可能改变最大的就是自己的性格和自己做事的态度。现在的我站在初中同学面前,他们觉得我变了一个人,这是性格上的改变。另外就是做事态度上,之前可能自己存在害怕、不耐烦的情况,但通过做兼职,兼职做的也是烦琐的事情,由此改变了我的态度,使我变得有耐心,不再那么害怕。"

再如 A 大学的小鹏:

> "在别人不懂的情况下,一定要对自己负责,因为有些东西可能你觉得差不多就行了,而且你问周围同学他们可能也都不懂,所以在没有人讨论的情况下,你觉得差不多可能就是这样,但是可能很多东西需要去认真想一想,到底是不是这样,不能似是而非地糊弄过去,你一定要按照最基本的原理,对每一步进行分析,检验一下它到底是不是这样,而不是说看起来好像是这样,一定要踏实,不要太求快,每一步都把它做准了,不要自己骗自己,一定要脚踏实地。"

这样的责任感也体现在学生参与实习工作中,如 B 大学的小傅:

> "因为工作专业性比较强,都是一些 3D 测量的技术文献,肯定要把专业名词翻译出来,这就要求你对它的专业名词要很了解,对它公司的运作过程要了解,因为有时候你会翻译它的培训日程,一般的正常培训你都要了解之后才能翻译,不然的话就瞎翻了。"

这样的责任感从整体上也是一种对自己认真负责的态度,如 A 大学的小贾和小宏:

小贾："就是觉得做事情不再想去应付,既然你选了就应该认真对待。"

小宏："比如说我对我未来的规划,高三只是想考上大学,对未来没有什么太多的想法,但是自从上大学以后,迷茫了一段时间,自己想了之后,觉得自己有必要寻找一些自己喜欢的东西,就算你现在做的事情不喜欢,但还是要努力前进或者去做自己该做的事情,不能放纵自己,让自己无所事事。"

2. 团队中的责任感

学生们的责任感很多时候体现在他们对团队任务负责任的态度上。C 大学的小张谈到团队中的传承:

"实验过程,一个人就不好做,需要两个人,有一个人帮你调一些仪器,你在旁边操控,这样我通常就会喊我师弟,因为我要把我的师弟培养起来,我走了之后,他必须得会。"

在团队合作中,A 大学小鹏提到的情形也非常普遍:

"学习上,我们工科可能大作业比较多,感觉小组之间在做课程设计的时候,一定要每个人都出力,不能出现坑队友的这种现象。"

有时,团队中的责任感也体现在对完成任务的坚持上,小鹏谈到某次团队合作的经历:

"其实小组成员当时确实都不会,大家面对困难的时候,互相鼓励、互相交流,都没放弃。因为我知道之前有的小组做着做着就不想做了,有的题目到中期就终止了,但是我们小组成员都能够坚持下来,所以我觉得做一件事尽量还是把它坚持下来,不管这个过程怎么样,你做下来了肯定是有收获的。"

3. 家庭的责任意识

部分受访者谈及在成长的过程中,他们对家庭的责任意识越来越明显,从一开始的一心想自己,到现在考虑父母、朋友和亲人,除了对自己的人生负责,还将责任的意识推广到了其他人和事。

例如 A 大学的小宏:

"首先我觉得自己成长了许多,思想方面比较成熟了,虽然我自己看不出来有什么成长,但是潜意识里是觉得自己成长了,跟以前不一样了。可能从前一心想自己,现在对父母、对朋友、对亲人可能更在意一些。"

C 大学的小李对家庭责任有了新的体认:

"转变的原因就是自己成人了，不知不觉到 18 岁了，以前还是少年，小孩子，可以任性，长大之后就感觉要离开家，还要找女朋友，作为一个男人要有责任，我觉得我是时候该承担自己的责任了，所以就觉得应该做一些事情，做一些改变。"

4. 社会责任感

责任感也体现在外界的期望下，自己的责任和意识。

C 校卓越班的学生小莲谈到卓越班和非卓越班的区别：

"差异肯定有。先举个例子，我们班是卓越工程师班，我想我们班的同学除了确实学习挺认真之外，我们还有这个卓越的意识在，我们必须要达到别人对我们的期望，我们有这个责任，所以我们大部分同学都很认真。"

"非卓越班也有出类拔萃的人才，我以前认识的一个同学，这学期平均分都是 90 分，别人在做二级减速器的时候他研究的是行星减速器，当时听到这个我就觉得他真的好棒。但是他们班一半的同学其实就是为了应付考试，他们的目标就是老师给我 60 分就好了。但是我们的要求跟全校、跟其他学校比要达到优秀。"

这里，C 校卓越班小莲展现了较为少见的团队责任乃至社会责任意识。不过，因为卓越班愿意参与访谈的人数有限，本研究未能进行系统的分析，仅能从有限的质性数据来考察卓越班同学的学习体验。

（四）决断层面

1. 自己是选择与决定的主人

处在承诺立场的学生已经形成了较好的独立意识，并且比较清楚自己内心的需求，从而主动规划自己的未来。因此，他们在面临重大选择和决定的时候，能够根据相关的信息综合考虑而做出决定。

A 大学的小宏谈到自己在面临专业选择时的决策过程：

"大学选专业的时候，学校方面开会介绍了一下这两个专业，但是感觉不是那么明确，自己对两个专业还是没有什么具体看法。自己必须问学长，去查资料，了解动力专业和机械自动化专业各自的优缺点，比如动力这方面主要是工程热力学，自动化方面主要是机械结构方面的知识。我觉得自己可能在机械运动方面比较擅长，相对感兴趣，同时参考一下父母的意见，综合各方面考虑后,选择了这个专业,起决定作用的主要还是自己的意见。"

C大学的小勇在谈到考研择校时表示:

"同学倒是给过意见但我没有接受。老师也给过一些意见,当时我考研的时候,我们辅导员更希望大多数学生考本校。我就觉得同样是211,这个是上海的211,我看重更多的是这个地方而不是学校。"

2. 对自己做出的决定不后悔

尽管意识到选择具有局限性,自己的理性思考也存在局限性,但处于承诺立场的学生能够勇敢承担责任,对自己做出的决定不后悔;也可能有遗憾,但是可以学会将遗憾降到最低,做决定要综合衡量与考虑,让自己做出的决定不后悔。例如A大学的小鹏表示:

"再选一次,我觉得这种遗憾,其实是很难弥补的,因为你总是会有遗憾,没有了这种遗憾会有那种遗憾,所以还是要看怎么去把遗憾降到最低吧,所以如果再选一遍大学的话,我可能基本上还会这样做,因为现在做的很多决定,也是当时考虑了很多才这样做的。"

关于选择,B大学的小卢说:

"我最近在看一本书,它写的就是生活与工作的原则,你做的每一件事情,你的选择,整个的思维模式,你要有一个可以写下来的原则,我觉得这是我到目前为止或者是本科阶段,比较需要或者说是肯定要形成的一个模式。我对我到现在为止做的所有的选择,我没有后悔过。"

3. 做决定能够有自己的综合判断标准

正如小卢所说,很多认知发展水平在承诺立场的学生在做抉择时能够形成一套自己的价值观和判断标准,因此,能够对自己的选择和决定不后悔。

对于访谈中涉及的做选择或做决定的话题,有些受访者提到,在面临重大选择和决定的时候主要由自己做出决定,并且能够综合考虑别人的建议,比较全面地考虑影响决定的因素,站在客观的角度,做出自己的综合判断和选择,比如职业的选择、学业上的重要决定、婚姻爱情的选择等。

B大学的小婷讲述了自己在是否发表论文上的考虑:

"我思考了一下我专硕只有两年,我比其他同学基本上是少了一年,我又要跟他们一起去找工作,我处于一个劣势状态,如果我再花上几个月的时间去发一篇论文,我可能失去的比得到的多,当然我现在不发论文也是失去了很多,比如说评奖学金之类的,就没有我的戏了,因为我们学校的奖学金基本上都是跟论文,跟你的科研贡献是直接挂钩的,所以我这部分就失去了一些经济回报,但我还是希望更多的时间花在经验的积累或者动手实践上,所以我就不发论文了。"

B大学的小勇在面临择业时,进行了多方位的考量:

"真正去找工作的时候发现择业完全不是这样的,市场类的竞争比研发更激烈。因为市场类、采购类岗位大批的非理工科都可以进去,他们的表达能力和综合能力在你之上,大多数情况下连面试机会都没有。但是做工程类的,比如电机控制专业,可能全上海或者是长三角这边就这几家比较出色,相应的研究生或博士生也就这么多,竞争会小很多,而且面试通过率会很高。所以后来还是选择研发类岗位。"

A大学的小松分享了他在决定考研时的心路历程:

"我当时其实考研还是分析了一下,我觉得男生能走向管理岗位也是比较好的。但是,我作为一名工科生,一开始的想法是毕业后先把自己本身相关行业的技术做好,有机会再转到管理岗位,后来我跟我们老师讲,他(老师)觉得一个做工科的以后要走到做纯管理岗位其实是蛮难的,他觉得可以先走技术然后再做技术管理。我觉得你要技术做得精通一点,当然读博士是最好的,但我觉得我不太适合读博,最后觉得读研究生还是蛮有必要的,然后就考了一个研究生。"

在决定考研这条道路上,小松从自身未来职业发展规划、专业背景以及老师的意见出发,做出考研的决定。A大学的小源在谈到自己对未来规划时说:

"首先我觉得我是不想去工作,因为毕竟现在本科生出来去工作的话,可能以后的发展没有研究生那么有优势,但是出国的话你得考虑一些其他方面的因素,包括你对其他文化的接受能力、经济条件或者是父母的因素,这些因素都需要考虑进去,所以经过综合考虑还是觉得自己更适合再读个几年。也许有时候你觉得每个决定都不太适合自己,但是你必须要在里边挑选一个。"

综合判断和考虑问题的思维也体现在工作的选择上,A大学的小路说到自己在确定工作过程的经历:

"……最后的决定可能有三成左右受了家里的影响,自己的意见占六成七成,最终还是自己决定。在这个过程中,也跟很多人进行了交流,他们有比我长几岁的,或者在单位工作的,向他们咨询也是一个学习的过程,问问他们是什么感觉,他们会给你一些建议。也会跟同学交流,大家会讨论这个行业怎么样,尽管是比较肤浅的理解,但是大家各有各的理解,最终做决定的还是你自己。"

此外,承诺立场的学生其综合考虑与决断的理性思维方式也展现在了生活的其他方面,A 大学的小瑜提到自己在恋爱这件事情上自己做决定的过程:

"做决定的过程,跟朋友聊,跟家长聊,然后自己反复思考,还有跟那个女孩沟通,因为本身也谈过一个,也接触过很多女生,最后决策还是根据自己的想法。"

第五节　不同类型高校工科学生
认知发展现状的质性比较

根据前面几个章节的分析,可以看到三所高校的工科学生均展现了佩里理论认知发展高阶阶段的思维特征与行为表现。本章节基于三所高校的质性数据,总结三所学校被抽样学生在情境建构立场和承诺立场思维复杂程度与行为表现上的不同之处。

在混合研究中,定量阶段的发现为质性阶段的研究提供指导,质性阶段的发现深化定量阶段的结论。在定量阶段中,三校机械学院工科学生的认知发展情况在整体上存在显著差异。单因素方差分析显示,处于情境建构立场 A 大学学生均值高于 C 大学学生($p = 0.005$),B 大学学生均值高于 C 大学学生($p = 0.003$)。因此,在质性阶段,我们特别针对三校的质性数据进行深入比较,讨论质性数据中三校工科学生在情境建构立场的思维复杂程度与行为表现上存在的差别。

首先,A 大学学生更多地提到需要有创新性的想法,以及创造性地解决问题的过程,B 大学也有部分学生提到工程项目中的创新。但是,与 A、B 两个大学相比,C 大学则很少提到工程中的创新性想法。从词频也可观察到,"创新"一词在 A 大学和 B 大学的访谈中,均出现二十次以上,而在 C 大学的访谈中出现不到五次。下列两个例子分别是 A、B 两所大学中提到的有关创新性想法的典型陈述：

A 大学小静："大三下学期参加了一个创新创业大赛，我们做的是传感器，这个比赛一直持续到大四上学期。一开始我们组队的时候，想着最重要的东西就是那个创新点，这个比赛特别注重你的想法，要提出来一个比较好的想法，我跟我室友我们两个组队，然后又加上其他人，平时有什么想法就互相讨论一下，看一下想法是否被别人做过了，是否有创新性和价值，想法提出来以后去找老师沟通一下，然后老师也会给一些建议之类，一开始的想法确定过程其实挺长。"

B 大学小丽："因为我们老师只规定一个研究大方向，我们得自己找论文，沿着这个大方向走，与这个大方向相关的论文都会不断地看，从中找出自己能做的，或者是能想到的一些创新点，然后自己再深挖下去。"

其次，A 大学的工科学生更多地提到与工程实践紧密相关的因素，比如成本考量、用户体验等，这是在 B 大学和 C 大学学生访谈中较少见到的。A 大学有关的典型陈述举例如下：

小鹏："技能上，你首先需要学习建模的相关知识，包括如何画工程图、三维图、零件图等。再一个我觉得更重要的是你通过方案去创新，去想一个新的东西，按照工科思维考虑，就是你怎么去创造一个东西，但是你在创造这个东西之前，首先要明白的是这个东西的功能需求，有了这样一个需求之后，思考怎么去实现它。但是在实现的过程当中，又不能违背基本的专业知识原理，还要分析它的可行性，因为有的时候可能你这个想法是好的，是能够实现的，但是可能它的成本很高，经济性不太好，所以它也没有使用的前景，所以我觉得工科学生在做一个工程项目的时候，需要考虑的方面其实是很多的，包括专业知识、经济成本、从使用者角度考虑产品的效果等，所以我觉得整个过程下来，收获还是很大的。"

再次，与 C 大学学生相比，A 大学与 B 大学学生在情境建构立场的不少思维特征与行为表现上体现出了更为复杂和老练的思维方式。例如在对工程复杂性、系统性的理解方面，典型的陈述如：

A 大学小源："机械零件课程设计要求比较高，你不仅要设计一个产品，而且这个产品要非常紧密地结合这几年学过的课程内容，比如说机械制造技术、力学、理论力学、材料力学、数学、物理等知识,而且需要画出很多张零件图,设计出非常详细的产品使用说明和调研报告,你需要依托比较专业的软件来进行一系列分析。"

B大学小棋:"我们拿来一个项目,首先需要想好开展项目的整体思路,可能之前没有做过这类项目,因此拿到一个题目后要对它进行分析,我们要如何做,然后一步一步解决,解决过程中可能又会遇到困难,要去查各种资料,查到各种资料之后,我们组员之间还要做一些对比、讨论,看哪一个方法更适合、更好。"

通过质性阶段的比较分析发现,三所大学的学生在情境建构立场的确存在不少差别,尤其是在与工科专业直接相关的方面,包括对工程复杂性的认识和理解、工程设计的过程、发现、分析和解决问题的过程,以及创新性思维等,而这些区别进一步深化了定量阶段的发现。定量阶段显示了三校学生在情境建构立场有显著差别,质性研究阶段则明确展示了这些区别的具体方面。

第六节　小结

本章节运用质性研究,挖掘三所大学工科学生认知发展的不同阶段,特别是认知发展高阶阶段(情境建构立场和承诺立场)的具体特征和表现,深化了对于学生认知发展现状的探索。

总的来说,从质性研究结果可以看出,本研究中关于工科学生在认知发展高阶阶段的特征、表现与我国工程教育人才培养的趋势和目标相契合。结合我国工程教育培养面向工业界、面向世界、面向未来的创新型、复合型和应用型工程人才的培养目标,"工程人才通用标准"指出,工程人才应具备的能力包括学习能力、分析解决问题的能力、创新意识和开发设计的能力、创新性思维和系统性思维的能力、管理与沟通合作能力、危机处理能力和领导能力、国际交流合作能力等。本章关于三所大学工科学生处于认知发展各阶段(特别是认知发展高阶阶段)的质性研究表明,处于认知发展高阶阶段的学生能够认识到信息获取能力、自主学习的意识、看待事物思维和眼界要比专业的知识更加重要,这也映射了"工程人才通用标准"中对学习能力的要求。此外,处于认知发展高阶阶段的学生在人际交往、团队合作方面更具有责任意识,在团队合作中进行组织策划,具有全局意识,体现了通用标准的管理与沟通合作能力的要求。

综合而言,本章关于学生认知发展高阶阶段的特征与表现的质性探索进一步表明,学生认知发展水平是制约工程能力的重要因素。也就是说,处于认知发展高阶阶段的学生更容易进行独立思考和自主探索,更主动地掌握学习的能力,采用分析性思维和系统性思维去分析实际工程问题和处理危机状况,具备团队合作精神和责任感,更容易具备工程专家所应具备的能力和思维。

第七章　工科学生认知发展的影响因素

本章在基于佩里理论,结合三所大学工科学生认知发展不同阶段,在对认知发展高阶阶段(情境建构立场和承诺立场)的具体特征的挖掘基础上,进一步分析了与学生认知发展高阶阶段的相关因素,特别是与工程教育改革实践相关的因素。总的来说,与工科学生认知发展高阶阶段(情境建构和承诺立场)相关的具体因素包括人的因素、学习因素、人生经历、社会经历和环境因素(见表 7-1)[①]。下面几个章节,将具体呈现这些因素的内涵,并给出实际案例。

表 7-1　三所大学与学生认知发展高阶阶段相关的因素分类呈现表

因素分类		编码条目
人的因素		• 个人 • 老师 • 同学 • 家庭
学习因素	课程相关因素	• 课程设计、课程汇报 • 做实验
	科研训练	• 毕业设计 • 科研项目
	课程辅助活动	• 国际交流经历 • 实践创新类的比赛
人生经历		• 遇到困难、挑战、挫折 • 面临选择的岔路口
社会经历		• 工作经历 • 实习 • 企业参观

① 朱佳斌,刘群群,刘少雪,张执南. (2019). 工程教育改革背景下工科学生认知发展现状与影响因素研究. 高等工程教育研究,(06),58-64.

（续表）

因素分类		编码条目
环境因素		• 大学的环境与平台 • 网络信息化时代

第一节　人的因素

通过分析认知发展高阶阶段受访者的信息，本研究发现，个人的主观因素、老师（课程老师、导师、竞赛指导老师等）、同学对他们产生了重要的影响。

（一）个人

个人主观因素主要包括自身的性格、学习习惯、自己的兴趣等。比如，在问及受访者影响他们大学经历的主要因素有哪些时，有些受访者会提到，兴趣会激发他们积极主动学习的意识从而主动与老师沟通交流，主动去探索，发现问题，动手验证等。

受访者自己也会对每个阶段进行总结与反思，有相对比较清晰的规划，能够合理安排时间以及对未来社会关于人才的要求进行分析。而这些个人的因素对个体认知发展高阶阶段具有积极的影响。例如 A 大学的小袁提到兴趣对个人的影响时说：

"最重要的因素就是我自己的兴趣，当然这个兴趣里面也包含我对自己的一些自我要求。"

与此类似，C 大学的小赵也提到个人兴趣对自己的好奇心的培养：

"好奇心非常重要，比如我们对一些家电产品进行研究，试验指纹识别、语音识别的功能。对那些事物的好奇触发了想去研究它，想去弄明白它是怎么实现的这个过程。"

对 C 大学的小莲来说，个人兴趣的高低直接影响了自己主动学习的程度：

"对于我认为比较有趣的，我很感兴趣的课程我会主动地去思考、学习，也会去找找相关书籍更深入研究一下；但是我不是很感兴趣的课程，最终目的就是应付考试。"

再比如 A 大学的小瑜谈到自己的兴趣对参与毕设的影响：

"我身边的不少人说毕设最后花点时间做做就可以了，文章水水就过了。我觉得我不是这样想的，这个东西我很喜欢，我要把它做好，然后我就一直很努力地在弄，可能跟平时上课时间一样，七点多起来第一个跑进实验室从早弄到晚，经常是晚上十点多回宿舍，感觉基本上不怎么用书，需要哪些知识就会直接去网上查资料，相当于现学现用，老师的要求一直是能做多少算多少，但自己感觉还是要做点东西出来，并不是说水水就过了那种，自己比较重视，一直很努力地在做。"

（二）老师

绝大多数受访者都提到老师扮演的重要角色。这些老师可能是课程中的教授、导师、非课程的教师、企业导师等，他们都对学生发展起到了作用，这些作用可能是传授知识，答疑解惑，也可能是方向上的指导，如研究方向，或者思路方法（比如处理事务的方式、如何看待人生等）。老师对自身经历的分享对学生也具有独特的指导意义，另外老师的性格和生活态度对学生的性格也会产生影响。

具体而言，不少学生提到老师在授课过程中对学习方法的传授和方向上的引导能够启发学生独立自主学习的意识。B 大学的小倩在谈到老师的角色时表示：

"（老师）是引导者，他给你划定范围，然后引导你找自己感兴趣的点，然后他再监督你，他不是一步步追着你，但是每个时间段给你一个小的目标，然后指导你把握一个比较正确的方向，最后给你一个反馈，说你为什么做得好，或者为什么做得不好。"

老师给予学生及时的反馈，从不同的角度给予建议，能够开拓学生的思维，例如 A 大学的小静提到：

"老师讲的是算法，然后这篇文章给的是另外一种方法，其实老师当时也说，给你们这个就是想让你们明白不单单是只有这一种解决方法，还有另外的解决方法，就是要扩展你的思维。"

C 大学的小军也谈到老师对自己思路的启发：

"（人名）老师他是研究材料涂层那一块，他在这个领域已经做到顶尖了，他做了很多项目，又有自己的公司，所以他有相当丰富的经历，他又在这里教学,把他的经历讲给我们,对我们有很大启发,他会告诉我们研究生应该注意什么,应该多做什么,如何更容易和这个社会或者将来的公司快速地接轨适应。"

老师对学生思路的启发令学生思考问题更加全面,启发学生做事要具有综合判断的思维。比如 A 大学的小宏:

"上大学以后,我视野开阔了,想问题更加全面,然后能想得更远一些,更现实一些,这些都是那些老师带给我的。"

有的时候,这样的启发可能包含给予学生试错的机会,如 A 大学的小瑜在选择毕设的老师时,对自己选择的老师有这样一段描述:

"我觉得老师很好啊,他支持了一个学生去做他想做的事情,就算这个东西真的失败了,但是学生也会从中认识到一些东西,就算你去找一条路,然后这条路你发现最后走不通,你也是确定了这条路是走不通的,也相当于学到了东西。"

此外,老师可以引导学生反思自己的喜好,启发学生对自己未来进行思考,认识自己以及内心的需求和想法,这与认知发展高阶阶段紧密相关。比如 A 大学的小刚谈到:

"大一的时候学'工程学导论'这门必修课,老师跟我们讲了很多工程方面的知识,其实我一开始一点儿都不了解这个专业,听了这门课后,对这个专业以后要做什么、它的应用领域有一个比较深入的了解。"

比如 A 大学的小袁:

"我觉得导师制对我本身的影响,主要就是对科研有一个提前的认识,使我在本科毕业选择保研或者是硕博连读或者是直博或者是考研的时候,自己不至于很迷茫,至少我知道我在做什么,对我们专业以外的其他专业也有一个推而广之、窥斑见豹的认识。知道了在工程领域做研究的大体情况后,心里就有底了,做判断的时候也好判断,我到底是本科上完之后直接就业,还是我读研不读博,这些都有了答案。我觉得在本科阶段实行导师制,对自身将来的选择会有较大影响。"

访谈内容表明,老师们不仅在学业方向、科研方向、就业选择等方面对工科学生起到重要的引导作用,在人生方向的引导上也发挥重要影响,启发学生对自我的思考和对人生方向的思考。例如 A 大学的小宏表示,老师的帮助启发他有更多的思考：

　　"(与老师的交流)能让我有更多的思考,让我想清楚我该干什么,我想要什么,我该怎么做。"

C大学的小军则更加形象地描述了老师的作用：

　　"老师就是一个启发和引导,他指出一个方向,让我们更好地知道往哪走,他们就像大海中的指明灯。"

A大学的小蒋表达了类似的感受：

　　"我觉得老师带给我们的影响更多的是帮助我们认清自己吧,让我们知道自己想要的是什么,这是最重要的。基本上我去问每一个老师,我遇到一些问题或者是不知道以后该朝哪个方向发展时,他们都会说你要知道自己最想干的是什么,然后,我说我想干什么,他们会提出一些建议。我觉得这是从他们那儿得到的最大的反馈,就是一定要知道自己最想要的是什么。"

与老师交流的过程中,老师对自己人生经历的分享也能够启发学生对未来的思考,启发学生在面临选择时要具有综合判断的思维,考虑得更全面。例如A大学的小鹏：

　　"我遇到很多老师,他们也都分享了很多自己人生的一些经历,包括说他们觉得毕业以后没有想着去其他地方,而是想着留在学校做老师,虽然说这么多年也都过得非常平静,也非常不错,但是,如果再选择一次的话,他(老师)会再考虑更多的因素。我觉得他们所说的一些过往的经历都会是我们做选择的参考,包括我们以后选择的话,会考虑更多的一些因素。"

一部分学生提到企业导师的作用。例如B大学的小婷谈到自己在企业中的导师对自己的帮助：

　　"我在企业里遇到了四位导师,我觉得都挺不错的,可能现在在大学里让导师一对一进行指导不太现实,但我在工作的地方,实行的是一对一指导,他(导师)每周会给我安排一些任务,比如说他今天给了我一个demo板,需要我把这个demo板测出来,他就会问这种波形为什么会是这样,会激发你去思考,会让你再去动手做一些小的改动,再让你去探究为什么这样改,他(导师)会激发你如何去学习。我刚去学习的两周,我只是按照人家的要求做了很多测试,放了很多波形,然后就去做一个展示,但是我的领导就会问很多问题,为什么是这样,你有没有想过,你看到它还能想到什么,那次展示让我特别尴尬，因为我感觉这些都答不上来，这样就会激发我，后来我就把他问的这些问题，做了充分的准备，真的是把以前学过的知识用起来了，而且印象特别深刻。"

（三）同学

除了老师的影响以外，同学的影响对于被访工科学生来说也是至关重要的，几乎每一位被访者都提到同学的影响。首先，受访者提到，通过同学的交流与讨论，可以了解不同学生的观点，启发自己的思路，及时纠正自己的思维定式或者错误观点，在综合多人的观点的同时，更加明确对问题的认识；其次，周围同学的经历，比如找工作的经历、学习的经历等，促使受访者去反思和判断，重新思考自己的内心需求，认清自己，对自己的决定和选择甚至自己的性格方面都有积极的影响；最后，同伴在工科学生的学习中不仅起到互相帮助的作用，也起到有益的竞争作用。

关于同伴间互相交流讨论的帮助，A 大学的小锋谈到：

"因为讨论会比较多，很多时候一个人的看法并不全面，综合很多人的观点后，你发现你对于问题的认识可能更加明确，甚至自己完全错误的认识也会被别人纠正，有这样的情况就非常值得了。"

C 大学的小张也谈到同学之间的互帮互助：

"就是解决实际问题，如果模拟的话，有一个步骤我不太懂，模拟不出他的效果，就问他为什么，相互探讨，他看到的一些东西也许是我没有看到的，他会指导我，并把我的不足指出来，参数应该这样设，为什么这样设，他跟我讲解，然后我就模拟出效果来了，这就是一种帮助。"

这些帮助不局限于知识的交流，也包含人格与品质的改变与提升。A 大学的小志谈到：

"我的人格通过与同学交流、获得同学建议而得到提高，我的知识面就更不用说了，通过课程、实践、课程设计以及项目，那肯定会得到扩大的。"

A 大学的小蒋谈到舍友的影响：

"比如我刚进大学的时候，可能相对来说比较内向一些，我们宿舍有一个人跟我一样，可能比我还内向，但是，有两个人都非常外向。后来，跟着他们一块玩，就逐渐被他们的一些非常好的情绪所感染。我现在觉得自己没有刚进大学时那么内向了,应该算是比较平衡了。比如一些想问题的方式,可能我刚进大学的时候想得比较狭隘,可能只会想到眼前的一些东西,说这些可能以后用不到,就不会专门地去关注。但是,好朋友肯定会说这些东西以后在哪里可能有用,这些都会影响我看待问题的一些方式。"

除了互相的交流讨论,被访的工科学生通过别人的经历来反思自我的成长。例如 A 大学的小刚:

"我到现在听过很多,也看过许多我们学长的一些事儿,比如说有一个学长学了四年之后去做编程了,并没有从事机械方面的工作,好多学长学了一两年之后,甚至是到毕业的时候,发现原来自己并不适合这个行业,也就是说他们在四年的学习当中找到了自己以后的人生方向,知道了自己以后想干什么,然后就是在这四年里,提高自己各方面的能力。我觉得我到现在隐隐约约大概明白自己以后要干什么,但现在也并不是特别清楚。"

被访者除了提到同伴之间的互帮互助对工科学生的正面影响,还表达了同伴的进步对自己的激励作用。C 大学的小曼谈到:

"同学的帮助可能不一定非得是学术上的帮助,平时会跟同学交流最近做了一些什么,比如他们会说最近在写个专利之类的,这对我有点激励作用。听到别人都开始写专利了,自己就开始着急了。"

(四) 家庭

有的受访者讲到他们的父母不会以强制和强迫的方式对待孩子,而是重视对孩子的引导,而这种开放启发式教育对培养学生自主学习的意识和让学生认识自己是学习的主体具有积极的影响,而这些都是学生认知发展高阶阶段的主要特征和表现。例如 A 大学的小路:

"爸爸妈妈影响比较大,爸爸妈妈在我小的时候,小学、初中学习过程中,不太逼我学,也不会强迫几点必须做作业,考试考多少分,他们会引导我,让我自己主动自觉去学,当然也会督促,但不会强制、强迫。"

C 大学的小军谈到自己的父亲在面临选择时将主动权交给自己:

"爸爸会给我分析,大概知道将来可以有两条路选,但他会把主动权交给我,让我自己选择,告诉我选择哪条路他都会支持我,但我必须要有自己的态度和行动,我一定要尽自己最大努力去做。"

A 大学的小玉也谈到类似的经历：

> "我不想学习的时候，他们也不会逼我，一直都是非常开明地对我，但是他们也经常会启发我，小时候就会经常引导我问为什么，我小时候也挺爱看《十万个为什么》，因为他们经常会引导我去看。我爸是一个很聪明的人，他以前也是各科都学得特别好，然后我有问题的时候，基本上我爸都能够指导我，而且不是说像高中老师那样随便应付，我爸会从最根源、最基本的东西入手，非常有条理地给我讲清楚，所以我觉得学习上父母的影响非常大。"

第二节　学习因素

从经历方面来讲，课程的相关因素、科研训练、课程辅助活动等均对受访者认知发展的影响具有重要作用。

（一）课程相关因素

课程相关因素特指工科学生谈到的课程中相关的因素对他们认知发展的影响，例如参与课程设计或者课程汇报，参与实验等。在参与课程设计的过程中，老师们运用的基于问题或者基于项目的教学方式让学生有较大的自主性和参与度，让学生可以有机会自主设计实验、动手实践，将理论与实践比较紧密地结合在一起。在受访者的描述中，学生在课程设计中有的可以模拟真实软件的开发，有的直接参与企业实际项目，或去企业参观考察。课程设计作为理论与实践的桥梁，可以帮助学生回顾和整理所学知识，为学生将理论知识进行实际运用提供了平台，也帮助学生认识到理论与实践之间的差异，了解实际工程项目的复杂性。有些课程设计的灵感来源于学生，在一定程度上有助于培养学生的创造性思维和创新意识。比如 A 大学的小贾谈到自己参与课程设计的体会：

> "课程设计第一个方面是对自己所学东西的一个回顾、温习，第二个是理论到实践的一个桥梁作用，第三个就是自己的一定的创新或者创造力的体现。在机器人课程设计中，老师不会直接给你课题，你要做什么由你自己决定。我们当时就想大学生以及很多工作的人现在整天对着电脑，一天下来脖子酸、肩痛、腰痛，他们都是用手来给自己捏捏肩，于是我们就想到了做

一个自动的机器人给我们捏肩。做课设首先激发了我们的创新思维，这也是做课设给我们带来的收获。"

课程设计中应用开放性的课题对培育学生的独立探索能力颇有帮助，C大学的小军也谈到自己参与开放性课题的情况：

"因为我们每门课首先就是做一个PPT，然后再写一个报告，这些都没有参考答案，是一个开放性课题，你要做到的就是与课题相关、有说服力就行。"

具体来说，A大学的小焕谈到课程设计有助于自己把不同的知识点串联起来，更能够以综合的方式思考和解决问题：

"课程设计主要是把知识点都串起来，以前都是零碎的，校正学一点，图纸学一点，然后三维设计学一点。但课程设计就是完完整整的，有时候如果我们课程设计比较完整的话，会从市场调研开始，一步一步下去。所以这种感觉整个都是串起来了，跟实验室里的流程差不多。流程当中你会感觉衔接的时候会有很大的问题，有这些问题也会让你想办法去分析。如果是分开学的话，你可能是体会不到的。"

另外，学生通过担任不同的角色，与不同的学生进行小组合作，有助于增强团队意识和责任意识以及组织管理和决策意识。比如经常做组长的学生，其领导组织能力及系统性思维可以得到较好的锻炼。例如A大学的小志谈到：

"因为我经常做组长嘛，所以说系统性思维，整体的方法上面，就比如先干什么后干什么，根据谁擅长做什么分配任务，这个我感觉还是对我比较有帮助的，我相信以后在工作过程当中也会碰到这样类似的情况。我感觉像这样类似的课程设计，尤其是对本科生和专业硕士来说是比较重要的，这样可以让我们更快地融入社会。"

同时，课程设计作为一个与实际紧密结合的工程项目，会不断遇到各种问题，学生在这一过程中解决实际问题的能力和实际动手操作的能力都会得到提高，培养学生面对实际工程问题的分析思维也得到了锻炼。因此课程设计有助于学生意识到考虑问题要更加全面，对工科学生的系统性思维，特别是在工程设计进程中考虑多方面因素（如成本、可行性等）有积极的影响和作用。比如A大学的小兵：

"我们做一个腿残人助理行走装置，15个人一组，我们要分好多小组，一部分做计算,一部分做控制,一部分做设计。因为我们完全从无到有,所以要查文献,看一下研究生毕设论文,了解别人是怎么做的,再加一些改进……大三期间的各种课程设计,首先巩固了自己的课程知识,毕竟只学课程知识和通过一个具体比较实际的项目来锻炼还是不一样的。这些课程设计对各方面的能力提升还是很有帮助的,我在这些课程设计中基本都担任组长,同时管理这么多团队,面临时间安排上的冲突,自己在协调组织、项目时间管理和规划、解决实际问题等各方面的能力都得到了提升。"

C大学的小佳也谈到课程设计的过程:

> "我们基本每一个学期最后几周都会有课程设计,我觉得学到最多的就是查阅资料和查阅文献。因为我在大学之前是不懂这些的,自从有课程设计之后我就知道原来学机械要查手册、资料,所以我们有的时候几个人会集合起来去图书馆借阅书籍,查阅标准之类,这培养了我们严谨的思维,用我们老师的话来说,就是胆大心细,就是要敢想敢做,但是在做的过程中还是要细心。"

实验是工科学生成长中必不可少的科研训练,在受访者的描述中,有些实验有一定难度,要求比较高,流程更加规范一些,学生可以有自己想法,涉及面很广,可以帮助自己熟悉做实验的流程,锻炼自己实际动手的能力。另外,做实验的过程中,学生发现与书本知识不太一致,让学生认识到问题不能想得太简单,在做的过程中不断发现问题,让学生有遇到问题的准备,在做实验中认识到交流的重要性。A大学的小瑜就谈到在做实验方面的收获:

> "收获就是问题不能想得那么简单,往往发现越做问题越多。就因为你不停地出错,你本来想着这个往下做就可以了,你做着做着就发现又出现新问题了,所以以后在想一个问题的时候,要想到它有更多的问题,或者想你可能遇到的问题,不要想着自己一帆风顺就可以做下去。"

A大学的小鹏也谈到在大学物理实验课中,自己有机会动手搭试验台,这对自己形成独立的想法很有帮助:

> "我觉得实验印象最深刻的应该还是大物实验,这个可能不同专业都在做,因为大物实验它本身有一定的难度,而且它的科学性或者说它的要求还是比较高的,它的设备、整个流程也比其他的实验更加规范一些,包括实验报告要求也比其他实验报告要求要高。就比如说流体力学,流体力学就是

上课的时候做几个实验,更多的是看几个现象,但是大物实验可能就是动手去搭一个实验台,包括你自己的一个想法该怎么去实现,因此我觉得大物实验涉及的一个知识面很广,包括像力、热光、电这些方面都有,所以我对大物实验的印象还是蛮深刻的。"

在实验过程中,工科学生能够形成感性认识,对实际操作与理论的差异印象深刻,从而了解到理论与实践的差别,比如 A 大学的小焕:

"就是感觉跟书本上的东西不是太一致,很多书本上的东西完完整整写出来没什么问题,但是实际操作的话就感觉到可能这一部分会产生误差,那一部分会产生误差。感觉实际操作的东西印象都比较深刻,特别是操作当中出了什么问题,那印象非常非常深刻。"

(二) 科研训练

科研项目在工科学生形成情境建构型思维方面也有着重要作用。科研训练为工科学生提供了良好的机会,让学生对科研有更为感性的体验,了解和熟悉研究的流程,锻炼分析问题、解决问题的思维和能力。这里的科研项目包括了本科生研究计划、毕业设计以及研究生的科研工作与训练等。

部分学生参与了本科生研究计划,这类计划让本科生对科研可以有更为感性的体验,锻炼了他们分析问题、解决问题的思维,例如 A 大学的小骏谈到:

"本科生科研计划已经结题了,这个课题是一个很大的项目,比课程设计更加深入,它会让你分析各种工况,更深入地了解它的功能。这是一个完整的过程,你先建模分析,分析当中出现的各种问题,项目难度比较高,整个项目做完后对自己的帮助比较大。"

具有毕业设计经历的工科学生普遍提到毕业设计属于印象比较深刻的经历。他们提到,毕业设计是研究的入门,帮助自己了解和熟悉研究的流程和步骤,加深了对知识的理解和运用。另外,毕业设计也让他们认识到独立自主学习的态度和意识非常重要,学生是毕业设计的主体,而导师仅提供方向上的指导,需要主动查阅相关文献资料,主动解决遇到的问题,积极与老师沟通,这对学生培养实际工程问题的分析思维意识具有积极的影响。这一系列的培训对学生深度学习知识,培养自主独立探索的意识以及解决实际问题的思维能力具有积极的影响,而这些与学生认知发展高阶阶段的特征密切相关。比如 A 大学的小静谈到自己的毕业设计：

"我觉得毕业设计算是做的一个小的课题，是研究的入门。我觉得最大的收获就是做实验的态度很重要。因为老师当时对我的评价就是太被动，一开始不主动去找他，遇到问题的时候自己在那瞎弄，然后也没什么思路，就是很混乱。不是说你一开始都不知道是哪些问题的时候就去找老师，而是遇到问题时你要主动想着怎么去解决，如果你想不到方法就需要找老师，或者是你想到这个方法也要及时跟老师沟通，他有可能不会给你提建议，但是讨论一下还是有收获的。毕业设计也让我收获了知识，最起码这个软件我会用了，学会了简单的数据处理、简单的算法，算是对以后要研究的东西有一点了解了。"

A 大学的小松谈到在毕业设计过程中自己慢慢意识到自主学习的重要性：

"毕业设计肯定跟你自己的事情非常直接相关，从查资料，找一些你自己需要的东西，到自己最后去完成这个毕业设计，我觉得在这个过程中慢慢意识到自主学习是很重要的。"

A 大学的研究生小松谈到自己的硕士研究：

"硕士的毕业课题，更多地是来自导师，他有一个研究的方向，拿来做我们的课题，做实验都是我在操作，爬上爬下，整个实验台具体怎么运行，出现这个问题怎么解决，这个仪器怎么操作也是慢慢学的一个过程……如果是你做的，你真正地进行拓宽，你还是学到了东西。"

(三) 课程辅助活动

课程辅助活动主要包括国际交流经历以及实践创新类比赛，如大学生创新实践计划项目。实践创新类竞赛项目任务量大，难度较高，有阶段性的目标和时间限制，与实际工程问题更加密切，对学生的工程思维和能力要求更高。比如 A 大学的小袁提到自己参与比赛的体验：

"像这样的比赛，我觉得对快速的学习能力有较高的要求，我知道比赛的内容跟我专业相关，但是我之前没有学过，我需要跟一些学过的同学去竞争，那我就必须培养一种快速学习的能力，我得学快才可以，而且学完之后，我是真明白了，然后还能用，我觉得才是最有意义的。"

这类项目让学生深刻意识到工程项目的实际意义，例如 B 大学的小傅在参

与大学生工程创新能力实践竞赛时,在一次次的调试与解决问题的过程中意识到工程项目的重要实际意义:

> "我大三的时候参加了创新能力实践竞赛项目,做这个项目要综合应用各种学科,觉得有实际的意义。因为斯特林小车涉及密闭的气密性,当时调到很久,包括电池等,车子走得也不直,加工的也有问题。就说气密元件,那次是烧酒精,当时走得特别慢,别的组走得特别快,我们一开始想是不是摩擦的原因,包括轴承也没有问题,然后问老师也不是,后来发现气密元件那个地方密封条扣不紧,后来加了一点皮筋绑紧了,然后气密性好一点,然后就走得快一点了。"

在具有国际交流经历的工科学生中,多数学生认为国际交流经历有助于拓展他们的思维,能够让学生思考不同文化背景下的教育问题,对他们有比较大的启发。例如 B 大学的小勇谈到自己去以色列访学时碰到的情况:

> "当时随行也有中国老师,我提出这个课题或者议案之后我们的老师会立马反驳,说这个观点怎么不行,会遇到哪些困难。但是,以色列教授会说不要去评价这个想法,应该考虑的角度是你有这个想法之后,我们该给你提供什么样的帮助或者怎样去完善或者去推进这个想法的实现,这让我感觉到教育的不同观点。"

国外实践教学模式与企业联系紧密,比如课程设置中的实验课、每年企业实习、每学期参与企业合作的项目、授课内容重视运用等让学生认识到当前教育与实际脱节的问题。比如 A 大学的小锐:

> "法国做交换这一年给我的印象很深,在法国的学校,他们虽然也采用 group work(小组合作)形式,但是更倾向于解决问题。还有一点是他们的知识学习比较连贯,不像我们,知识和作业相对来说有一点脱节,在法国,这门课的本身就既有课堂学习,叫自我学习,也有习题课,还有实验,我感觉是一环扣一环。实验的过程中,有实验前的导入,你自己看很多介绍,包括你要去查资料,不然的话,你的实验就没有办法掌握有用的信息,没有办法在一个半小时的时间内完成实验。不像我们做实验,去了老师讲讲怎么做,按部就班地做出来就完事了。"

国际交流的经历拓宽了学生对不同工作方式的认识和理解,如 A 大学的小蒋:

　　"我觉得国外对于合作和独立的理解更适合这个时代。首先他们很强调竞争性,但是,他们又能在良性的竞争中很好地合作。我觉得比国内这一点做得要好,他们的独立性我觉得是很难想象的。包括我去交流的这个学校,他们就是只有大一的时候让学生住在学校,剩下都要自己去租房子,说实话,我是蛮喜欢这种方式。"

国际交流经历有助于开拓学生的眼界,鼓励他们寻找独特的经历,A 大学的小蒋还说:

　　"我觉得一些人的一些所谓的想不通或者困扰,实际上都是因为见得不够多,当知道的事情足够多,会发现我们所经历的实际上根本就不能称之为烦恼,都是在大千世界中非常常见的一些东西。世界上拥有精彩人生的人实在是太多了,你会觉得有的人他走在大街上非常平常,但其实他是一个非常有故事的人。以前我总是觉得自己已经挺优秀,但是和这些人比起来,他们的内涵或者独特的一些经历实际上都更加优秀,这也刺激着我去寻找自己一些独特的经历。"

同时,海外学习经历也让学生对研究产生新的感悟,使他们更为注重研究的实践价值,如 A 大学的小志:

　　"我感觉他们做研究更加注重实践价值,虽然中国人写论文的水平已经很高了,理论深度非常深,数学方法非常难,但实际应用价值尚有待提高。看了很多外国的文献,觉得他们的文献的确是提供了不少思路,他们的毕业论文尤其是工科对实际的设计有很强的指导性。"

第三节　社会经历

社会经历也是对工科学生认知有重要影响的方面,这些社会经历主要包括如工作、实习和企业参观访问的经历。这些经历促使学生从不同的方面来思考问题。

(一) 工作经历

在工作经历中,有的受访者提到自己的兼职经历对人际交往技巧、工作态度

等方面有帮助,有助于批判性地看待他人的建议与观点。比如 A 大学小志的经历:

> "面试的失败就直接印证了哪些是正确的,哪些是错误的。在面试过程当中面试官是不可能直接告诉我哪些是正确的,哪些是错误的,但是从他们的神态、语言来说基本就知道得八九不离十了,所以说在这些方面的话,认识到正确与错误除了它们之间的交叉比较分析以外,那么就是对实践过程当中的经验积累。"

工作经历有助于培养学生比较成熟的为人处事方式,进而形成自己在人际交往中的标准和判断。比如 A 大学小瑜的经历:

> "总的来说,一是和上级沟通,二是怎样协调一帮人。跟上面老师沟通,感觉就是一种你在请人帮你办事,得耐着性子,然后放低身份,不能感觉你跟他是平辈的,因为平辈的话有些事情可以要求他做。组织活动的时候,你得想一种办法,不是以命令的方式来让别人帮你做事情,让大家知道做这件事情的利益点,把这两点联系起来,才能协调其他一帮人很自觉地去做一件事。"

工作经历有助于学生获得经济上的独立,使他们进一步形成担负重要责任的意识,这是情境建构立场后期的重要表现,比如 A 大学小贾的经历:

> "首先自己认识了很多在职场上面的朋友。其次,解决了我大量的生活费。我当时没有从家里拿钱,自己在尝试着向自立自强方面去努力。另外,做兼职、勤工助学,自己的态度特别重要。我记得我当时去做助管的时候,那个老师就说,你去给我接一杯热水,接一杯温水,冷水三分之二,热水三分之一。"

(二) 企业参观与实习

在具有企业实习参观经历的受访者中,不少受访者谈到自己通过实习对原来的知识有更深入的体会和掌握,如 B 大学的小婷:

> "专业知识以前真的是在书本上学,没有很多实践和动手的机会,哪怕是在实验室,我就是做做软件,但是这个软件真的是更高层次,如果你最基本的内容理解得不透,你做这个也不是很得心应手,所以我一直处于被架空的状态,可能下面没走完,上面就浮空。但是现在从最基本的开始,慢慢地

一步步深化，加上我以前在学校学的知识，这样有更好的结合，对我的专业方向有更深的了解。"

B大学的小赵谈到实习让他对专业知识在实际应用过程中需要考虑的问题有一些直观的认识，例如误差：

"我当时弄的就是一个真空泵，两个转子，一边是出气的，一边是排气的，要把箱体里面的大气压全部抽走，并且要抽到高真空，真空度应该达到10的负4次方帕，还是很难实现的。在转子设计上，如果正常来说应该1毫米等于100个丝，我们要把它的间隙放到20丝到40丝之间，也就是0.2到0.3毫米，这个设计还是蛮难的，因为这些东西都是我们肉眼看不到的，因此我们不能设计得过于精确，因为你要考虑到加工，加工不一定很精确，首先要考虑到机床精确不精确，机床不精确可能就会超过几丝，包括操作机床的人员进行调整的时候，也不能保证他一定做得很标准，还有刀具有没有磨损，个人操作失误可能就更多了……要综合考虑这些因素，然后再进行生产。"

实习过程也促使学生对知识价值进行再认识，如A大学的小志：

"在实习过程当中有很多的工作，包括在我实习过程当中看见那些认识的人跟我所做的工作，相对来说都是比较基础的，对于我们学生来说，也有很多需要学习的知识是在学校里学不到的，而不需要的知识却学了一大堆，这在实习过程当中就能深刻地体会到。"

实习中遇到不同的人，也对学生在对待工作的方式和态度上产生了影响，如C大学的小赵：

"我当时是在上海（企业名）企业，跟着老师的项目去实习，做一些系统控制的东西，有一个技术大牛，他好像是企业招来兼职的，他以前是德国（企业名）公司的，我们就在那里看他们调程序，和他们一起探讨，因为这台设备相对来说是比较大的，大概有17、18米高，国内的造价大概500万，在国外也要2千万人民币，我感觉最让我难忘的经历，不是说我们探讨的内容，而是他的那种态度。因为这是一个大型设备，需要调试，无论是机械方面的调试，还是电气方面的调试，他都会亲力亲为，那个设备大概有两三米高，他也会爬到设备上，其实也挺危险的，还要下去关阀门，手上都是油。虽然人家已经走到了比较高的位置，至少经济上没有什么问题了，但人家做事的态度还是比较认真的，对于事物的钻研程度很认真，愿意自我分析，寻找问题，这是我比较难忘的。"

当然，更多的受访者谈到企业参观与实习让自己更直观地了解真实的行业运作流程、不同的企业文化以及企业的细节规章与管理制度、技术含量和管理成本，激发自身的思考，如 A 大学的小路：

"实习过程中，我认识了比我们先工作的人，像师兄、师姐，跟他们交流的过程中，能够看到不同人的生活状态、工作状态，有的人很爱那个行业，特别愿意干，很愿意做那个技术；有的人会说，你工作四五年，整个人的心态就是以家和生活为重，工作是赚钱的途径；有的人也特别追求知识，他们不断地去学，技术上在那个科或者组里面很牛，会有很多人请教他。他带你看看他们这个实验是怎么做的，具体怎么操作，经历过哪些流程。整个过程，看到不同的人，有了不同的想法，眼界上获得提升。"

更重要的是，企业参观与实习有助于学生提早了解就业环境及就业要求，了解该行业的真实情况，了解其他人的生活和工作状态，明确自己的职业喜好和兴趣，对未来择业及人生定位具有积极影响，如 A 大学的小骏：

"去企业参观，接触企业的 HR，大概了解自己未来本科毕业或者研究生毕业的就业环境是怎样的，就业要求是什么。因为和在那边的、之前毕业的学长聊天，问他们现在工作的情况，再反思自己现在大学的学习，还是有点用，根据他们提的建议，然后来对比自己现在的学习，使自己的职业规划更加明确。之前都是在学校里面听别人说，听学长说，但是没有实际去企业里看过，所以去企业实践还是很重要的。"

A 大学的小蒋和小锐也谈到了类似的体验：

小蒋："我觉得实习更重要的意义可能就是在于让你去了解一个行业，让你去评判你适合不适合这个行业，因为我做完实习就发现我是不适合这个行业的。虽然我对这个行业现在已经非常熟悉了，但是，我觉得我兴趣点不在这里。我觉得这也是实习的一个好处吧，让你尽早地发现自己的兴趣点，然后，评判自己原来觉得适合或者不适合的到底现实生活中是什么样子。"

小锐："其实，我个人觉得实习过程中，最重要的一点是你了解了这个公司是做什么的。包括在法国做实习也是一样，你去干了之后，你会知道，他们这个公司具体是怎么工作的，有什么工作事项，然后整个工作氛围是怎么样的。你工作了以后，对这个行业大概有一个了解。这个工作行业的发展前景是什么样子的，包括人文氛围你是不是喜欢，你自己有一个亲身感受。因为每个人身高不一样，进河水的深浅就不一样，所以你要亲自体会一下，对于后来的择业做一个判断。所以我觉得对综合能力的培养是一方面，但是更重要的是这个东西是不是适合你，你是不是想去这个单位，这个工作的具体的工作内容你是不是喜欢做，你是不是做了两天就烦了，这一点我觉得是比较重要的。"

第四节　人生经历

其他重要的人生经历还包括：遇到困难、挑战、挫折；面临选择的岔路口，比如专业的选择、工作的选择、伴侣的选择等人生重要的选择。这些经历促使被访者进行自我反思，对客观情况有更为综合的理解和判断，进而做出选择。

（一）遇到困难、挑战、挫折

部分受访者谈到困难、挑战或挫折可能激发自己的反思，进行自我调整，从而获得更大的收获，这里的困难、挫折或挑战可能是考试、科研遇到的困难等。

例如 A 大学的小锋在大学中经历了考试成绩的不理想，促使他进行自我反思，从而更加明白自己内心的需求，进而进行自我调整：

"从自我认识上来讲，我觉得在大学中，让自己充分掌握知识，把知识拿到手是最重要的。从别人口中听说到我自己认识到这一点是一个渐变的过程，我前半个学期大部分精力都放在那些所谓的多彩的生活方面，所以说成绩不是特别理想。后来慢慢发现这些不是自己想要的，所以就慢慢走向自己想要的方向，意识到自己该做什么。"

学生可能会在科研中遭遇困难而有所顿悟，如 B 大学的小勇：

"因为本科的时候，大多数时间都是在学基础的知识，也没有相应的独立研发能力，而在科研项目阶段体会到了作为一个工程学科的人，他所要面对一个项目或者课题时的艰辛和困难，然后知道应该用什么心态来对待。

一开始很绝望、非常急,尤其是老师催你的时候,到后面,明白车到山前必有路,虽然有困难,但是有时候突破就在一瞬间,这是建立在之前不断积累的努力上,我尝试过 N 种方法,有一种方法突然对了。一开始更希望有人帮助我,或者有一个现成的模板让我去套用,实在没有办法了才会自己想办法。"

可见在这个过程中,困难、挑战、挫折对学生有一定的激发作用。部分学生逐渐意识到了困难与打击对自己的帮助,如 A 大学的小蒋所总结的:

"我觉得实际上是有转折点的,就是有很多事情会影响你,但是,总会有这种非常重要的事情,可能前面一直在量变,但是积累到一定程度后就会发生一些质变。就比如老师的话让你觉得自己原来是有多么的愚笨;和同学交流突然发现同学在这方面想的远远比你想的更长远等等。"

(二) 面临选择的岔路口

在访谈过程中,有些受访者认为在面临选择的岔路口(换专业、找工作等)时,会去思考自己想要的和想选择的。比如,面临找工作等需求时,学生会根据自身所需按兴趣去选课,而不是为了成绩和学分。每个阶段要完成的事情也会让学生自己主动去规划和思考,做事也会有自己的综合判断和选择。这些都会激发学生独立的意识和对自己认识的反思,对学生的认知发展高阶阶段具有积极的影响。比如 A 大学的小贾:

"自己到了大二,经过一年的成长,觉得不想再应付了,既然选择了这个专业就应该认真对待,这可能是自己心智成熟的表现吧。一方面我觉得就跟大四快毕业找工作一样,迫切地想了解一些职场类内容,这个阶段我要按照兴趣学,选的课都是实打实的课。"

比如正在 A 大学念大三的小宏就处于这样一个抉择的路口:

"我觉得刚进大学的时候,你对将来是读研、工作还是出国还不会非常确定,逐渐地到大三的时候,你也应该去做出这样一个决定,在做这个决定的过程中,你肯定会经过很多的思考,综合考虑各个方面的因素。"

B 大学的小卢在面对是否保研的选择时进行了一系列的反思与判断:

"当时是问了我之前的辅导员,现在的辅导员专业老师,经济学老师以及很多同学,并咨询了学长学姐,如果是他们在我的位置上会做怎样的选择，当然每一个人做的选择都是依据他自己的价值判断。整个这一圈问下来，大概有十几个或者几十人，我把他们反馈的信息和判断模式全部搜集到一块大概形成了一个闭环，最后发现还是要跟从自己的内心做出选择。如果你读研、保研出来就有上海户口，可能这是你三年之内比较能够看到的一个结果。但是你要跳出来，风物长宜放眼量，时间拉到 30 年后你再看，你这个时候如果做的是另一种选择，把这些你能够看到的利益全部扔掉，你会怎么做？我觉得这是我做选择或者说是做决定的一个思考模式。从你自己单独思考闭环、开环，引入外界一个思维模式，或者他的价值判断，再闭环，再形成你自己最后一个决定。"

第五节　环境因素

除了人的因素、学习因素以外，受访者还强调了环境因素对他们的影响。这里的环境因素主要包括大学的环境与平台以及网络化信息时代的大环境。

（一）大学的环境与平台

首先，有些受访者讲到，大学环境相对高中来讲，远离父母、自由度强，老师的角色也发生了转变，很多事情都需要自己去处理，包括学业、日常生活、人际关系等各方面，同时对自身的时间管理意识、自律性和独立性的要求也变高。另外，大学的学习内容更加丰富多样，对学生的自主规划思维提出要求，而大学里的教学方式、学习氛围和生源质量对学生会产生重要影响。另外，大学所处的地域对学生同样会产生重要影响。

谈到大学整体的学习氛围对自己的影响，A 大学的小鹏表示：

"我觉得最大的可能不是你学到了什么知识，而是学会怎么去做人，怎么去思考问题，因为高中的时候，大家就是天天学习，没时间想其他的问题，可能一到大学，很多事情都要自己去处理，像人际关系、生活琐事等，完全成为一个独立的人；再一个就是怎么去看待问题，像高中的时候，只是背书上的一些公式或者定理，或者是背一些概念；到了大学，很多东西要自己带着批判的眼光去看，别人说什么你不能全信，听多方面的信息，得出自己的结论,不能够别人说什么就是什么,要有自己的一个想法。"

C 大学的小林提到宿舍环境的重要性:

> "环境的话,大学有一个好的学习环境还是很重要的,像我们宿舍就是很乱,对我考研成绩也有影响。考研要出去租房子特别麻烦。宿舍 8 个人,制度不是特别严,我感觉有好的环境的话,比如说宿舍有更多人考研就会更好。"

在地缘优势上,A 大学的小锐表示:

> "尤其上海,可能跟地域有关系,在学习课本知识和社会实践,包括参加各种实习方面,有得天独厚的优势,所以我觉得在这方面对同学的锻炼,对视野的扩展是非常有帮助的。"

有关地域的影响,B 大学的小婷也表示:

> "我本科毕业是什么都不懂,然后去了南京工作,眼界也是非常窄,后来来到了上海,可能城市环境也不一样,学校也比较开放一些,所以观念真的发生了很大的转变,我之前说的像启蒙老师一样的那个老师,也带给了我很多改变,所以现在到上海,看到这个世界更丰富的一面,人内心也更开阔一些。"

B 大学的小梅还提到了学校距离家里比较远而使自己更有机会去形成自己的判断:

> "我上初高中的时候,还是会比较听父母的话,上大学后,家里距离大学比较远,父母就不会每天思想灌输,跟同学和老师接触比较多,突然觉得好像父母以前讲的也不是全对,开始有了自己的判断。根据从学校和与同学的交流中获得的知识,以及从一些书上看到的内容,去判断父母讲的是不是对的,适不适合我自己,我自己是不是真的想要,我觉得这种方式是对的,要有一种辩证的思维。"

(二) 网络信息化时代

另外,还有的受访者提到,网络信息化时代为自己主动学习提供了平台和契机,培养了兴趣,让他们对大学教育有了更加客观的认识和判断。大学不仅仅是传授知识的地方,更重要的是它所拥有的师资、学习氛围、设备等,这是与在线公开课相比所特有的资源。

关于网络资源和大学环境，A大学的小焕谈到：

"我感觉大学不再是像高中那样提供一个让你学东西的地方，而是一个引导你学东西的地方。学校里面资源也很多，不仅仅是书本知识，更多的是鼓励你到实验室里面去做。大学如果仅讲教的东西的话，完全可以靠网络上的东西解决掉，那些学习资料网上也能够搜到。现在网络上面有很多公开课，学校也加入MOOCs课程，所以课程的获取途径已经不是问题了。但是大学的核心力体现在校园氛围、实验设备以及学校老师给予的启发，这三点是网络很难实现的。"

B大学的小倩也谈到：

"知乎上和身边有比较厉害的朋友，我会看他们分享的经验，觉得自己必须得去接触新鲜的事情，不断地向前走，不能很舒服地在寝室里做我自己一直熟悉或者习惯了的东西。"

A大学的小袁也谈到了网络信息时代对自己学习和思想的影响：

"因为现在信息交流广泛了，一些国外的比较优秀的一些设计思想，能够在国内传播了。在信息闭塞或者自身水平不是很高的情况下，有些东西是没法感兴趣的。就算我感兴趣，我想的和它本身差别是很大的。所以算是赶上一个好时候，这叫时代的影响。"

第六节　小结

本研究针对与情境建构立场相关的影响因素进行深入分析。由于承诺立场在实质上即为对情境建构立场的承诺或者委身（Commitment），也就是说，本章所讨论的影响因素也是有助于学生向这两个高阶认知发展阶段发展的影响因素，包括人的因素（个人、老师、同学等）、学习因素（课程相关、科研训练、课程辅助活动）、社会经历（工作经历、企业参观、实习等）、人生经历（困难、挑战、面临选择等）、环境因素等。

"卓越计划"中特别提到，要"推动基于问题的学习、基于项目的学习、基于案例的学习等多种研究性学习方法，加强学生创新能力训练"；要丰富学生的国际交流经历，强化校企联合机制等。质性研究发现，与工程教育教学改革密切相关的因素,如优质的课程设计、自主探索的实验、毕业设计、科研项目等与课程相关的活动、创新创业类实践活动对学生情境建构思维发展具有促进作用。与工科学生情境建构立场相关的主要影响因素很大程度上对应了当前工程教育改革实践的措施,预示样本高校其工程教育教学改革措施在提升学生认知发展水平以及工程思维与实践能力上已初见成效。这些因素的提炼一方面为理解学生认知发展的有关因素、与环境的相互关系,并为构建相应的理论体系提供了实证依据;另一方面,这些因素中的诸多因素都与工程教育教学的改革和实践密切相关,针对工程教育教学改革实践相关因素的分析有助于为进一步深化工程教育教学改革提供基于实证的建议。

此外,在与工科专业学生向认知发展高阶阶段转变相关的诸多因素中,我们发现项目式学习法对学生认知发展具有重要的促进作用。项目式学习方法是工程教育改革、教学形式改革的重要组成部分。项目式学习法具体体现在学生参与课程设计、毕业设计、本科生科研项目、实践创新类竞赛等各类活动中。

这些课程(Curriculum)活动或者课程辅助性(Co-curriculum)活动都体现了上述项目式学习活动的主要特点。第一,它们都是以复杂的实际问题为依托,只是这些活动在复杂程度上有区别。第二,这些活动中,学生都需要进行自主探索的学习,包括搜集和阅读相关资料等。第三,这些活动基本上都要求学生以组队的形式来参与和完成,因此,在小组中,学生需要学习如何进行有效的讨论、分工与合作,还可能更多地接触和认识他人的想法和观点,形成头脑风暴,从而相互学习与帮助。第四,这些活动通常有时间限制,特别是实践类的创新竞赛,时间有限,需要学生在规定的时间内快速自主学习。第五,大部分的活动都采用实际工程项目,要求学生在考虑工程设计的科学性与技术性以外,还要考虑多方面利益相关者(企业、用户)关心的因素(成本、利润、可操作性等),从而在有限条件下解决问题。第六,这些活动要求学生实际动手操作,具有很强的实践性。第七,在设计过程中遇到的困难、问题和突发情况,要求学生不断分析问题、解决问题。

研究发现,首先,包括课程设计、毕业设计、科研项目、实践创新类竞赛等项目式学习活动,由于它们都是以复杂的实际问题为依托,以产品/成果为目标,具有技术性、实践性、综合性等特点,需要学生在已有知识的基础上,主动搜集和阅读额外的资料和相关的信息,并且这些活动以团队合作为主要模式,且资源条件都有限,因此,在实际过程中充满未知的挑战和困难。这些特点都对学生的认知发展产生了重要的影响。由于这类训练内容基本都与实践联系比较密切，重视理论与实践的结合，并且难度性和挑战性相对来讲较高，为学生认识到理论与实践中的差异以及实际工程项目的复杂性作了一定的铺垫。其次，学生在这些训练过程中，要综合考虑各方面的因素，考虑设计方案的来源及可行性、成本以及产品的消费需求等，这些对学生的工程系统性思维、工程设计思维和工程消费思维以及综合判断事物的思维和能力具有积极的影响。再次，这类训练的过程不是一帆风顺的，往往伴随各类未知的问题，而这对解决实际问题的分析思维以及应对突发问题的能力具有积极的影响。此外，这类训练对知识的综合运用能力要求高，涉及的知识面广，这在一定程度上有助于培养学生短时间内快速学习和掌握知识的能力，并将所学的理论知识进行综合运用，主动查阅文献，培养自主学习的意识。最后，这类训练一般以团队合作式学习方式为主，学生在团队合作交流中，能够意识到自身知识的局限性，了解其他学生的思维和想法，对培养学生综合考虑问题的思维以及团队合作精神与责任感具有积极的影响。

在针对三所学校与学生认知发展高阶阶段相关因素的比较中，我们发现，首先，对于不同类型高校的本科阶段，A大学机械学院工科学生在参与开放性课程设计、科研项目、实践创新类活动等以项目式学习为基础的学习活动比B大学和C大学要多，且复杂程度更高。其次，A大学国际交流经历比B大学和C大学要多。因此，这其中也存在着不少需要进一步改善和深化的方面，具体来说：

首先，优质教育资源过于集中，不利于不同类型工程人才的培育。从三所大学的学生访谈中可以看到，学生参与各类优质教学活动的情况是不同的。A大学（原"985"计划大学）的学生参与各种课程设计和汇报展示活动、参与实践创新类活动和竞赛、参与国际交流活动的质量和频次均优于B大学（原"211"计划大学）和C大学（原非"985"/"211"计划大学）。在不考虑生源问题的前提下，尽管三所大学的机械学院都有相应的专业入选教育部"卓越计划"，优质教育资源的集中依然让A大学的学生具有更多的机会提升自己的工程实践能力、工程创新能力以及综合素质。

其次，校企合作有待进一步加强合作内容、扩大覆盖面。尽管在访谈中，我们可以看到学生通过企业参观与实习等活动获得对知识的加深理解、重视理论联系实际、提前了解就业环境，从而明确自己的职业喜好等有益帮助。但是访谈结果表明，并非大多数学生都能够真正从实习活动中得到正面帮助。也有部分学生认为自己的实习没有太大意思，含金量不高，也浪费了很多时间。这与企业实习项目的可获得性、参与的方式、项目的内容都有关系。因此，如何充分发挥参与企业实践项目对工科学生在不同方面的有益价值，让更多的学生能够在校企合作过程中受益是有待解决的重要问题。

再次，创新意识和创新能力的培育仍待加强。访谈数据表明，教师精心准备的课程设计活动、具有重要原创意义的科研项目或者创新创业类实践活动竞赛有助于学生提高创新意识、提升创新能力。但是，仅有少部分学生参与了这类活动，并且在创新意识和创新能力的培养等方面得到锻炼。因此，在创新意识的培养和创新能力的培育上仍需要各利益相关者共同努力。从教学的角度来说，如何准备一项能够激发学生创新意识的课程设计需要从教学目标、教学方法和教学内容各个方面精心策划。从教师的角度来说，邀请学生参与具有重要原创意义的科研项目，能够激发学生创造的原动力，鼓励学生自主探索的能力，最终形成充满创新活力的科研团队。从管理层角度来说，举办各类创新创业实践活动竞赛不仅能够为学生提供培育创新能力的平台，还能够在校园形成创新氛围，进一步形成良好的社区效应和正面的社会影响。

最后，国际化培养辐射范围有限，且缺乏多样化的组织形式。学生的国际交流经历主要包括到海外高校交换学习、参与国际合作项目等方式。尽管在具有国际交流经历的工科学生中，多数学生认为国际交流经历有助于拓展他们的思维，思考和比较不同文化背景下的教育区别，同时也促使他们重视研究实践的价值，提升跨文化交流的意识和能力。不过，由于参与的人数较少，活动形式有限，也难以从国际化培养对学生认知发展和工程能力提升的规模效应及对不同类型的国际化培养活动进行研究和分类评价。基于国际化交流活动对学生思维方式、工程实践能力、跨文化交流能力发展等方面的作用，工程教育实践需要扩大国际化交流活动的覆盖面，采用多种形式创造多样化的平台；组织国际交流活动，提升学生跨文化合作和交流的能力，培育国际化工程师。

总的来说，本研究系统分析了工程教育背景下影响不同类型高校工科学生认知发展高阶阶段相关的诸多因素。可以说，这些主要影响因素很大程度上对应了工程教育改革实践的措施。研究表明，样本高校的工程教育教学改革在提升学生认知发展水平以及工程思维与实践能力方面初见成效。

不过，需要补充的是，由于质性访谈对象数量的局限性，本研究所挖掘的诸多因素尚需要在更广泛而多样的样本中得到进一步的验证,这些影响因素是否可以在类似教学环境中迁移依然需要更多类似的研究加以检验。同样的,尽管本研究提出了不少影响因素,但尚有其他可能的因素(如性别、成长背景等)有待进一步探索与分析。

第八章 学生认知发展研究对我国工程教育的启示

通过定量研究和质性研究,本研究发现目前多数工科学生的认知思维方式发展处于高阶认知思维方式。当代认知发展理论展示了个体从绝对化思维方式向情境建构型思维方式发展的过程。随着高等教育的国际化和信息化,在国内工程教育改革的背景下,样本高校中多数工科学生的认知思维方式已经处于当代认知发展理论的高阶思维阶段。相比十几年前的工程教育的条件,中国从课程设置、教学环节、科研训练以及国际化办学等方面进行全方位的改革实践,而这些可能成为学生认知思维方式发展的助推器。

本研究发现,工科学生高阶认知思维方式的本质与工程教育改革中人才培养标准契合。高阶认知思维方式的特征与当前国内工程教育人才的培养标准相吻合,比如工程思维、自主学习能力、责任与规划意识等,这一发现表明,当前工程人才的培养必须重视对人才认知发展理论的应用,以认知发展理论进一步指导工程人才的培养。同时,研究性学习与学生高阶认知思维方式紧密相关。比如,基于项目或者问题的研究性学习活动(科研项目、毕业设计、课程设计、实验、实践类的创新比赛)在内容上重视理论联系实际,体现工程的复杂性。而在具体实施过程中,对学生工程系统性思维、创新意识和设计思维以及分析解决实际问题的思维和能力也提出了较高的要求,并且对知识的综合运用能力要求也比较高,而团队合作式的学习方式对学生了解自己思维的局限性,培养综合考虑问题的思维和团队合作意识具有积极的影响。下面具体对本书的研究成果与研究意义进行总结,并讨论本书认知发展理论的应用研究对我国工程教育的启示。

第一节　认知发展理论在中国工程
教育中应用的实践意义

　　本研究首次将佩里认知发展理论推广至对中国工程教育改革下不同层次工科学生认知发展的研究中。综合国外关于佩里认知发展理论在工程教育中的实践与应用的研究，我们发现，绝大多数研究以西方工程教育体制为背景，以本科生为主要研究对象[1][2][3]。早期学者将佩里认知发展理论引入中国，并对中国学生认知发展现状进行了测量[4][5]。根据后来学者对我国高等工程教育研究热点的梳理，我们发现，21世纪的中国高等工程教育已发生了翻天覆地的变化，人才培养模式和教学体系都进行了大量深度的改革，而这些改革对学生认知发展产生了重要影响。另外，早期研究较少具体分析学科背景的可能差异，鉴于不同学科所具有的不同的认识论特点以及工程学科的特殊性，有必要专门对工科学生进行深入探究。此外，Zhu[6][7]关于留美中国工科博士生认知发展的研究将研究群体扩展到了博士生层面。

　　本研究首次将佩里认知发展理论应用于当前中国工程教育改革背景下，并对不同层次（主要是本科和硕士）、不同类型高校的工科学生的认知发展现状及

①　Pavelich, M. J. , & Moore, W. S. (1996). Measuring the effect of experiential education using the Perry model. Journal of Engineering Education, 85(4), 287 - 292.

②　Wise, J. C. , Sang, H. L. , Litzinger, T. , Marra, R. M. , & Palmer, B. (2004). A report on a four-year longitudinal study of intellectual development of engineering undergraduates. Journal of Adult Development, 11(2), 103 - 110.

③　Marra, R. M. , Palmer, B. , & Litzinger, T. A. (2000). The effects of a first-year engineering design course on student intellectual development as measured by the Perry scheme. Journal of Engineering Education, 89(1), 39 - 46.

④　Zhang, L. F. (1995). The construction of a Chinese language cognitive development inventory and its use in a cross-cultural study of the Perry scheme. The University of Iowa.

⑤　Zhang, L. F. (1999). A comparison of U. S. and Chinese university students'cognitive development: the cross-cultural applicability of Perry's theory. The Journal of Psychology, 133(4), 425 - 439.

⑥　Zhu, J. (2017). Understanding Chinese engineering doctoral students in U. S. institutions. USA: Springer.

⑦　Zhu, J. , & Cox, M. F. (2015). Epistemological development profiles of Chinese engineering doctoral students in U. S. institutions: an application of Perry's theory. Journal of Engineering Education, 104, 345 - 362.

影响因素进行测量和分析。在理论层面上，扩展了认知发展理论的适用范围。同时，本研究进一步丰富和充实了佩里认知发展中关于情境建构立场、承诺立场的内涵和外延，特别是在情境建构立场增加了具有工程特色的思维特征和表现，为佩里认知发展理论的进一步完善提供借鉴与参考。在实证层面上，首次从学生认知角度验证工程教育改革实践的必要性和重要性，为我国工程教育改革实践提供依据和借鉴。

其次，本研究首次测量并发现，在工程教育改革背景下，三校大部分工科学生都处于认知发展高阶阶段。根据国内外之前关于工科学生认知发展的研究结果，工科本科生认知发展水平整体较低，大四毕业时，仅有四分之一的学生认知发展处于佩里认知发展的情境建构立场。因此，关于佩里认知发展承诺立场的特征和表现的研究发现少之又少。此前，Zhu 对留美中国工科博士生中处于认知发展高阶阶段的特征进行了分析，描述了这些学生在认知发展高阶阶段的特征。本研究聚焦中国工程教育实践，分析了工科学生认知发展高阶阶段的特征和表现。我们发现，在中国工程教育背景下处于认知发展高阶阶段的学生，其思维特征和行为表现与处于认知发展高阶阶段的留美中国工科博士生的整体表现是非常类似的。可以推断，我国当前工程教育改革实践在提升学生认知发展上是卓有成效的。

再次，本研究挖掘了与工科专业学生认知发展高阶阶段相关的诸多因素，包括人的因素（个人、老师、同学等）、学习因素（课程相关、科研训练、课程辅助活动）、社会经历（工作经历、企业参观、实习等）、人生经历（困难、挑战、面临选择等）、环境因素等诸多不同的因素，这些因素都与三所不同类型高校的工科学生的情境建构立场思维特征相关。本研究首次系统分析了在工程教育改革背景下，影响不同类型高校工科学生认知发展高阶阶段相关的诸多因素。这些因素的提炼为教学实践的设计和改革提供了丰富的实证支撑。

最后，在与学生认知发展高阶阶段相关的诸多因素中，我们发现项目式学习法对认知发展具有重要的促进作用。项目式学习法主要体现在学生参与课程项目或者课程设计、毕业设计、本科生或研究生科研项目、实践创新类竞赛和活动中。项目式学习具有复杂性、技术性、实践性、综合性等特点，此外，该学习过程以学生为主体、为主导，以合作为依托，体现了学生的自主性；以产品/成果为目标，具有很强的导向性。它有助于训练学生在限定的条件下进行设计，培训学生的系统性思维、分析性思维,让学生具有实践导向,拓展学生的思维,锻炼学生的自主性学习能力。这些思维和能力与佩里认知发展高阶阶段的特征相吻合,同时也是工程教育改革中人才培育的方向。

第二节　工科学生认知发展影响因素的理论模型

　　情境建构立场是佩里理论的核心阶段。如何促进学生发展出情境建构型思维是教育教学的重要任务。已有的研究指出,学生认知发展水平是制约工程能力的重要因素。我们的研究进一步表明,处于情境建构立场的工科学生的思维特征与行为模式与我国"卓越计划通用标准"中关于工程人才的分析解决问题能力、危机处理能力、创新性思维和系统性思维等方面的要求相符。本研究特别针对与情境建构立场相关的影响因素进行深入分析,挖掘出一系列与学生认知发展相关的影响因素。基于这些发现,本研究归纳了工科学生的情境构建立场认知发展的影响因素理论模型(见图 8-1)。

　　工科学生认知发展的影响因素理论模型一方面在佩里理论的基础上,聚焦理论的核心认知发展阶段——情境建构立场,集中体现了工科学生在此阶段独具特色的思维特征,特别是工程设计思维、系统性思维、分析性思维等重要思维方式和行为模式;另一方面,这一模型重点关注与情境建构立场相关的影响因素,特别是工程教育改革背景下与工程教育教学改革密切相关的因素,如优质的课程设计、自主探索的实验、毕业设计、科研项目等与课程相关的活动、创新创业类实践活动,对工程人才相关思维方式和能力的培养途径进行了归纳和提炼,进一步丰富了佩里理论模型在人才培养和工程教育领域的理论和学术价值。

第三节　认知发展理论在高等工程教育教学实践中的应用模型

　　本研究在系统的认知发展理论指导下,基于三所高校对中国工程教育改革下工科学生认知发展现状及影响因素进行实证研究,采用混合研究设计,通过定

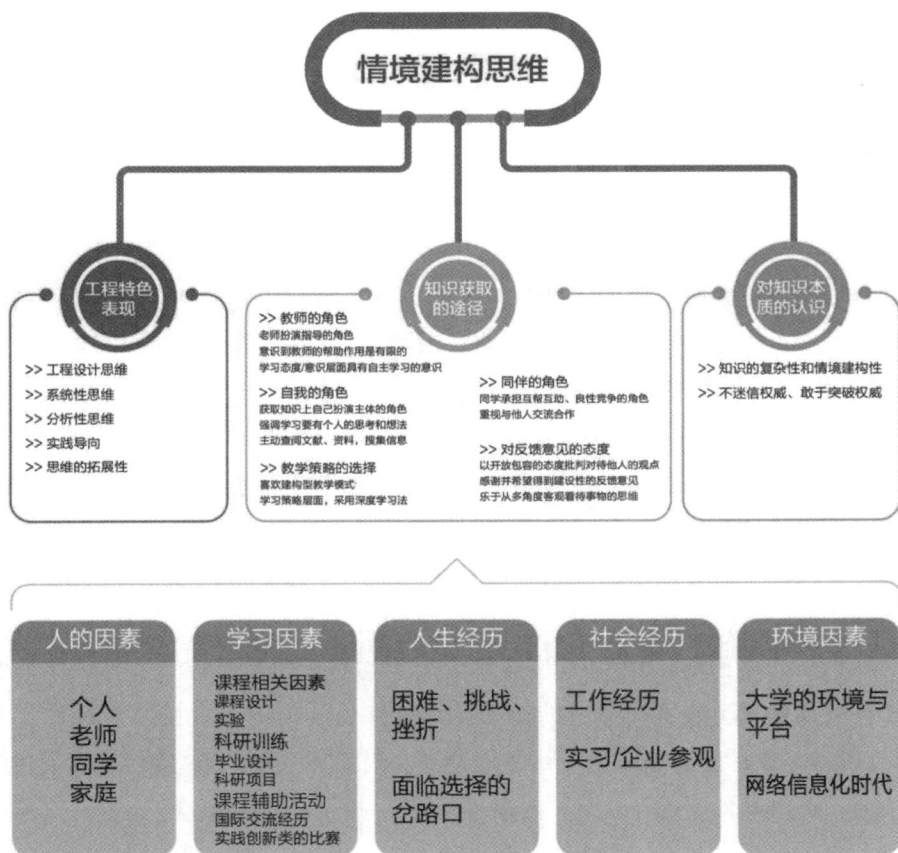

图 8-1 工科学生认知发展影响因素的理论模型

量研究测量了中国工程教育改革下工科学生认知发展现状,并通过质性研究进一步探索和挖掘了工科学生认知发展高阶阶段的特征和主要影响因素。本研究对工科学生认知发展高阶阶段的特征和主要影响因素的研究表明,高等工程教育教学实践需要重视与学生认知发展相关的因素。

首先,**本研究中关于工科学生在认知发展高阶阶段的特征、表现与我国工程教育人才培养的趋势和目标相契合**。结合定量研究和质性研究关于三所大学工科专业学生认知发展现状的调查,本研究发现,处于认知发展高阶阶段的学生展现出分析性思维、工程系统性思维、工程设计思维、重视项目的实际导向性等特点,这些特征和表现与"卓越计划通用标准"中关于工程人才在复杂产品开发和设计能力、复杂工程项目集成能力、系统性思维等方面的要求相一致。同时,处于认知发展高阶阶段的学生在个人、团队层面都更具有责任意识,更看重与他人的合作,且在团队合作中具有全局意识,这些方面与"卓越计划通用标准"对人才交流沟通能力、团队合作能力相一致。此外,处于认知发展高阶阶段的学生更好地展现出在有限的资源和条件下进行工程设计的思维和能力,更具备市场意识、质量意识,这些都与"卓越计划通用标准"相契合。综合而言,本研究中关于学生认知发展高阶阶段的特征与表现进一步证实了学生认知发展水平是制约工程能力的重要因素。处于认知发展高阶阶段的个体展现出自主学习与探索的精神,采用分析性思维和系统性思维,考虑多重因素,在有限的资源和条件下解决工程问题,具备团队合作精神和责任感,与我国卓越工程师人才培养方向相符。

其次,**大部分工科学生处于认知发展高阶阶段,并且针对工科学生情境思维阶段相关的主要影响因素分析直接映射了我国当前工程教育改革实践的措施,展示工程教育改革实践的初步成效,也体现了进一步深化工程教育改革的重要性和必要性**。本研究定量研究表明大部分工科学生处于认知发展高阶阶段,而且质性阶段对三所高校六十多名工科学生的访谈结果展现了与工科学生情境思维阶段相关的诸多影响因素中,许多主要因素均与工程教育改革实践的措施相契合。特别是基于项目式学习的课程设计能够让学生有较大的自主性和参与度,可以自主设计实验、动手实践,将理论与实践紧密结合,了解实际工程项目的复杂性。针对本科生的科研计划项目为本科生提供良好的机会,让他们对科研可以有更为感性的体验,了解和熟悉研究的流程,锻炼分析问题、解决问题的思维和能力。国际交流经历有助于拓展学生的思维、让学生思考不同文化背景下的教育问题,让学生更为注重研究的实践价值。参与企业实习和工程实践,让学生对原来的知识有更深入的体会和掌握,帮助学生及早了解就业环境与就业要求,了解该行业的真实情况,对未来择业及人生定位具有积极影响。这些主要因素直接映射了工程教育改革实践的措施。"卓越计划"中特别提到,要"推动基于问题的学习、基于项目的学习、基于案例的学习等多种研究性学习方法,加强学生创新能力训练",要丰富学生的国际交流经历,强化校企联合机制等。可见,与工科学生情境思维阶段相关的主要影响因素很大程度上对应了我国当前工程教育改革实践的措施,表明我国工程教育改革措施已具有初步成效,也体现进一步深化改革的重要性。

本研究立足我国工程教育改革大背景,基于工科学生认知发展影响因素的理论模型,从提高学生认知发展水平的目标出发,分别对教师与学生在两种教学模式下的角色、态度等方面进行总结与阐释,提出了个体认知发展理论在工科教学实践中的应用模型(见表8-1)。

表8-1　认知发展理论在工科教学实践中的应用模型

		二元型教学模式	建构型教学模式
学生	角色	知识的被动接收者	知识的主动获取者
	认知态度	相信权威;知识具有确定性	不盲从权威;知识具有情境性;主动建构知识
	学习方式	以个体学习为主;简单的死记硬背;疏于对知识的反思和反馈	以小组协作为主;对知识独立思考、分析和整合;主动对知识进行反思和评价
	学生关系	竞争与互助并存,以竞争为主	竞争与互助并存,以互助协作、知识分享为主;竞争关系弱化
	学习效果	对知识的理解停留在表面;解题式思维;缺乏对知识的综合应用能力;与他人(教师、同学)缺乏交流;缺乏创新意识	对知识的理解更加深入,能融会贯通不同科目的知识;合作意识强、善于集思广益;学业成绩优异、人际关系融洽、心理健康,全面发展;能够独立思考,探索、分析、解决问题;勇于创新
教师	角色	知识的传递者("权威")	学生知识探索的引导者("领路人")
	教学态度	以教师为中心;忽略不同学生认知差异	以学生为中心;关心、尊重不同学生的认知差异
	教学方法	课程任务设置单一,以封闭式问题为主;以讲授为主,单向的知识传递	学习任务更加丰富多样;引入以开放性问题;引入问题/项目/案例教学法;小组协作式教学法;体验式教学法
	教学目标	以完成教学任务为主;传授学科知识	培养学生独立思考能力、分析与解决问题能力;重视培养学生创新能力、动手能力、实践精神等
	学习评价	一般仅有终结性评价,缺乏形成性评价;重视学生学业成绩的考核;评价手段主要为考试、测验、论文等	既有终结性评价,也有形成性评价;重视学生各方面能力的发展(思维方式、问题解决能力,协作能力等等);评价手段可包括项目成果展示、学术海报与学术报告等;学生互评

　　二元型教学模式和建构型教学模式在学生的角色、教师角色、同学角色以及学生和教师在学习和教学中的认识都有显著差异。从学生角度来讲,二元型教学模式下,学生是知识的被动接收者,认为知识具有确定性;学习方式上,以个体学习为主,与同学之间竞争多于合作,对知识的理解停留在表面,缺乏对知识的综合应用能力。相反,建构型教学模式下,学生是知识的主动获取者,不盲从权威(书本、教师等),意识到知识具有情境性,能够在不同条件下探索、分析和解决不同的工程问题;学生以小组协作为主,接触多样化思维,对知识进行分析和整合,并重视对知识的反思和评价;教师更重视的是学生的能力培养,包括独立思考的能力,分析、解决问题的能力以及创新能力、实践能力等等;重视并尊重学生个体认知发展的差异以及学习方式的差异,以学生为中心,真正为学生发展起到"领路人"的作用;此外,对于学生的评价既有终结性评价,也有过程性评价,引入学生互评,重视能力评价;对学生学习效果的评价更为全面与深入。

　　基于二元型教学模式和建构型教学模式的两种模式的区别,从应用层面上说,在建构型教学模式中需要特别关注如下几个方面:

　　首先,合理转换教师的角色与作用。在大部分探索性、研究性学习法的运用中,教师的角色从知识的传递者变为学生知识探索的引导者,这个角色的转换要求教师不仅对该领域的知识有充分把握,更要求教师对学生自身发展特点有一定的认识,了解学生在学习方式、学习方法以及认知发展水平上的差异[①]。这类学习法注重师生关系的转变,要求教师实现角色转换。在教学的过程中,教师和学生共同思考、交流,建立民主、平等、互相尊重、理解的师生关系,帮助学生更好地实现从二元认知向情境建构主义认知思维发展[②][③]。为实现角色转换过程,需要在教师与助教培训与发展中引入有关学生学习风格、学习方式、认知发展等方面理论与应用的介绍[④]。已有的研究表明,教师在教学实践中,自身的认知信念与其解决问题的技能之间具有密切的关联,并且教师自身内隐的认知信念会无形中影响学生认知发展,因此教师在转变角色转换的过程中,须及时转变自身的

①　Felder, R. M., & Brent, R. (2005). Understanding student differences. Journal of Engineering Education, 94(1), 57 - 72.

②　牛慧娟. (2008). Perry 的大学生认知发展理论对教学改革的启示. 现代教育科学, 01, 6 - 9.

③　Felder, R. M., Brent, R., & Prince, M. J. (2011). Engineering instructional development: Programs, best practices, and recommendations. Journal of Engineering Education, 100(1), 89.

④　Erdamar, G., & Alpan, G. (2013). Examining the epistemological beliefs and problem solving skills of preservice teachers during teaching practice. Teaching in Higher Education, 18(2), 129 - 143.

认知信念[①]；同时，在教学过程中，还可能需要运用基于现代学习理论的教学方法与评价手段，营造建构主义学习环境。建构主义学习环境以学生为中心，解决实际复杂的问题/项目/案例，强调学生承担起独立思考、自主探索的学习责任为主要特征，对学生认知发展水平的提高具有重要的影响[②③]。在这个过程中，教师从知识传授的"权威"角色主动转向一个引导学生探索、研究、发展与创新的"领路人"角色，从而促进学生及其教师自身认知的发展，推动教师教学与学生学习之间的无缝衔接。

其次，充分运用基于小组的合作式学习。从学生认知发展的角度来说，基于小组的协作式学习通过小组讨论和协作的过程，使学生更多地接触到其他组员的观点、对学生开拓思路、博取众长具有重要意义。让学生在积极主动学习并进行独立思考的基础上，通过小组讨论的形式，为学生营造一个解决开放式实际问题、建立团队合作的学习环境，让学生在分析、解决实际问题的过程中更好地理解工程概念和知识，运用批判性思维判断，整合各种理论依据，提高解决实际问题的能力，将有利于提升工科学生的认知水平[④]。小组的多元化可以包括学科背景的多元化、技能特长的多元化和文化背景的多元化等等。要充分运用基于小组的协作式学习就需要对协作式学习的基本要素有一定的理解。例如，在课堂协作式学习中，组员之间需要具有正向的相互依赖性，即个体的成功与小组的成功息息相关；另外，小组成员对彼此负责，即每个成员都有自己必须完成的部分，其他成员对该成员起着监督作用。如何科学合理的进行分组、建立良好的讨论氛围、实现组员之间以及小组之间的有效互动是运用该教学法所需要解决的实际问题。比如，为保证小组的多样性和差异性，避免不公平性，倡导由教师进行分组而非学生自我选择，此外，需要保证小组规模适当且具有相对稳定性，从而保障小组的高效性[⑤]。为了让学生在课堂（和课外）协作式学习中受益，教师

---

① 刘儒德，高丙成，美君，宋灵青.（2005）. 论学习信念的形成. 北京师范大学学报（社会科学版），5，20 - 24.

② Marra，R.（2005）. Teacher beliefs: The impact of the design of constructivist learning environments on instructor epistemologies. Learning Environments Research, 8(2), 135 - 155.

③ Otting, H., Zwaal, W., Tempelaar, D., & Gijselaers, W.（2010）. The structural relationship between students' epistemological beliefs and conceptions of teaching and learning. Studies in Higher Education, 35(7), 741 - 760.

④ 刘儒德.（2002）.基于问题学习对教学改革的启示. 教育研究,（02）, 73 - 77.

⑤ Felder, R. M., & Brent, R.（2001）. Effective strategies for cooperative learning. Journal of Cooperation & Collaboration in College Teaching, 10(2), 69 - 75.

就需要对课程目的、课堂组织、课程评估等不同方面进行重新调整、由浅入深地对学生的合作技能进行培养。比如,不同学生认知水平存在差异,处于二元立场认知水平的学生对协作式学习方法持消极态度,教师运用小组协作式学习方法时,需要充分尊重不同学生认知水平上的差异,合理安排分组,深谙学习任务的类型与难度,使其具有选择性和多样化[1]。

再次,充分利用开放式/弱性结构问题或者项目的优势。与封闭式/良性结构问题(Close-ended/Well-structured problems)相比,开放式/弱性结构问题(Open-ended/Ill-structured problems)中,问题的定义更为模糊、问题结构也不明确,解决问题的标准、原则以及限制条件具有不确定性。通常这样的问题没有统一的解决方案,即拥有多种解决方案,也可能不存在解决方案[2]。它以实际工程问题为背景,需要学生在各样复杂因素中厘清问题的结构,分析问题解决的几种可能方式,在考虑成本、环境条件、现有技术水平等方面的基础上以最可行的方式解决问题。解决这类问题,要求学习者能够清晰地分析问题中各个有关要求以及情境制约条件,通过对不同观点的充分了解与不同解决方法的建构,评估可选方案的可行性,最终选择最佳方案。解决此类问题意味着设计过程的迭代与反复。迭代设计行为(Iterative Design Behavior)可以看作是学生在完成设计任务,转变设计结构时的认知变化过程,它强调综合考虑问题范围和相关限制条件,不断修改和完善解决方案,最终选择与设计目标最契合的解决方案。基于开放式、弱性结构问题的特点,这个设计过程有助于学生养成分析、整合和评价开放式问题的能力,开发学生的探索式思维。

最后,加强项目式学习过程,强化学生工程思维能力的培养。本研究发现,课程设计、毕业设计、科研项目或者实践创新类的比赛等一般以项目为依托,内容上重视理论联系实际,体现工程的复杂性,而具体实施过程则对学生工程系统性思维、创新意识和设计思维以及分析解决实际问题的思维和能力提出较高的要求,并且对知识的综合运用能力要求高,而团队合作式的学习方式对学生了解自己思维的局限性,培养综合考虑问题的思维和团队合作意识具有积极的影响。而已有的研究表明,基于项目式的学习有助于调动学生参与学习的主动性和自

---

[1]　Felder, R. M., & Brent, R. (2009). Active learning: An introductio. ASQ Higher Education Brief, 2(4), 1 - 5.

[2]　Marra, R., & Palmer, B. (2004). Encouraging intellectual growth: senior college student profiles. Journal of Adult Development, 11(2), 111 - 122.

主性,促进学生积极主动思考,采用深度学习法,提高自主学习能力;另外学生在项目小组合作中,锻炼了团队合作技能、组织与管理技能、决策技能在内的一些软实力[1][2][3]。因此,在工程教育改革实践中,高校应该充分发挥课程教学活动以及课程辅助活动的作用,比如将课程设计按照不同年级学生的水平和能力培养要求进行梯度设计,体现课程设计的连贯性和能力要求的晋升性,为本科生研究项目和大学创业项目、毕业设计建立完善的评价监督体系,减少走水现象的发生,真正发挥科研训练在学生思维和能力培养中的作用和价值。

第四节 学生认知发展研究对我国工程教育的启示

基于对三个不同类型大学四百多名工科学生的问卷调查,以及六十多名学生的深入访谈,本研究应用当代学生认知发展理论模型,测量了三所大学机械学院工科学生的认知发展现状并总结了影响因素。其中,与工科学生情境思维阶段相关的主要影响因素很好地映射了我国当前工程教育教学改革的实践,表明了进一步深化改革实践的重要性。总而言之,我们把影响学生认知发展水平的作用因素分析与当前工程教育改革实践相结合,将影响学生认知发展的主要因素进一步内化到工程教育改革实践中,提出优化当前工程人才培养模式和教学改革实践的措施,为培养符合社会需求和国际化标准的创新型工程师人才提供基于实证研究的启示和建议。

第一,突出不同类型高校在工程人才培养上的优势,错位发展,打造不同类型的优质教育资源,共同形成一流工科院校体系,在培育各级各类工程人才上各尽其职,从而形成整体上培育各级各类工程人才的良好局面。本研究发现,优势教育资源的过于集中,不利于不同类型高校中的工程人才成长。尽管三所大学

---

① Prince, M. J., & Felder, R. M. (2006). Inductive teaching and learning methods: definitions, comparisons, and research bases. Journal of Engineering Education, 95(2), 123.

② Frank, M., Lavy, I., &Elata, D. (2003). Implementing the project-based learning approach in an academic engineering course. International Journal of Technology and Design Education, 13(3), 273 – 288.

③ Lehmann, M., Christensen, P., Du, X., & Thrane, M. (2008). Problem-oriented and project-based learning (POPBL) as an innovative learning strategy for sustainable development in engineering education. European Journal of Engineering Education, 33(3), 283 – 295.

的机械学院都有相应的专业入选教育部"卓越计划",但优质教育资源的集中依然让 A 大学的学生具有更多的机会锻炼工程实践与创新能力,提升综合素质。从三所大学的学生访谈看到,学生参与各类优质教学活动的情况是不同的。A 大学(原"985"计划大学)的学生参与各类优质的课程设计和课程汇报展示活动、参与创新创业活动和实践类竞赛、参与国际合作与交流活动的质量和频次均优于 B 大学(原"211"计划大学)和 C 大学(原非"985"/非"211"大学)。随着"双一流"计划的提出,各个大学需要突出自身在人才培养的特色与优势,错位发展,打造不同类型的优质教育资源,共同形成一流工程院校体系,在培育各级各类工程人才上各尽其职,从而形成整体上打造一大批各级各类工程人才的良好局面。

第二,扩大校企合作覆盖面、优化合作方式、落实合作过程、加强过程管理和反馈机制,从实质上发挥校企合作优势。 学生通过企业参观与实习等活动不仅能够加深对知识的理解、重视理论联系实际,且由于提前了解就业环境,从而明确自己的职业喜好。但是研究结果表明,并非大多数学生都能够真正从实习活动中得到正面帮助。部分学生认为自己的实习含金量不高,浪费了不少时间。这些差别与企业实习项目的可获得性、参与方式、项目内容都有关系。因此,建议在进一步扩大校企合作覆盖面的基础上,采用多样化的合作方式,除了企业参观和实习外,可聘请具有实际工程企业经历的工程师进行授课,引入公司先进技术和理念,实践教学与理论授课一体化;建立实践平台,定期为学生提供企业参观实习的机会;以项目为导向,课程设计、毕业论文以企业的实际工程项目为选题方向;在工程实践中心和实践创新类竞赛活动中更多地引入企业项目,或与校内教师共同开展合作项目、邀请工科教师参与企业培训。此外,还需落实合作过程、加强过程管理和反馈机制,建议从企业导师的角度及时反馈学生的参与情况,适当加强从学生参与角度对企业导师的评价,以及对参与企业的评价,从实质上发挥参与企业实践项目对工科学生在不同方面的有益价值。

第三,要扎实提升各类课程设计、科研活动和实践创新类活动的质量,优化学生学习体验,提升学生的创新意识和创新能力。 访谈数据表明,优质课程设计活动、具有重要原创意义的科研项目或者创新创业类实践活动竞赛有助于学生培育创新意识、提升创新能力。但是,仅有少部分学生参与了这类优质教学活动,并且在创新意识和创新能力方面得到培养和锻炼。也就是说,学生在创新意识、创新能力的培育上仍缺乏足够的锻炼机会,亟须各利益相关者共同创造机会、加大投入。从教师的角度来说,如何准备一项能够激发学生创新意识的课程设计需要教师从教学目标、教学方法和教学内容各个方面精心策划,可以引入开放性工程实际问题,合理运用小组协作的方式,鼓励学生自主命题、自主设计,锻炼学生的创新实践能力。从导师的角度来说,邀请学生参与具有重要原创意义的科研项目,能够激发学生创造的原动力,鼓励学生自主探索,形成充满创新活力的科研团队。从管理层角度来说,加强教师教学能力建设、鼓励推广和应用项目式教学法新型教学手段、在教师评价中引入教学立场的考核才能从教学这一核心而基础的关系上提升教学质量、优化学生学习体验。此外,举办各类创新创业实践活动竞赛不仅能够为学生提供培育创新能力的平台,还能够在校园形成创新氛围,进一步形成良好的社区效应和正面的社会影响。

第四,进一步丰富国际化交流活动的组织形式、扩大辐射范围,增强学生国际化学习体验,提高学生国际化视野和思维。学生的国际交流经历主要包括到海外高校交换学习、参与国际合作项目等方式。尽管在具有国际交流经历的工科学生中,多数学生认为国际交流经历有助于拓展他们的思维,思考和比较不同文化背景下的教育区别,加强对研究实践价值的重视,培养跨文化交流的意识和国际竞争能力。已有的研究也得到了与本研究类似的结论。但是,整体上三所大学中具有国际交流经历的学生比例较低。由于参与的人数较少,活动形式有限,难以形成国际化培养对学生工程能力和综合素质提升的规模效应,也不利于对不同类型的国际化培养活动进行分类评价,进一步发挥优质国际化活动的优势。因此,鉴于国际化交流活动对学生思维方式、工程实践能力、跨文化交流能力和参与国际竞争能力的重要性,建议进一步扩大国际化培育活动的辐射范围,运用多种形式组织国际交流活动,拓展学生的国际视野,提升学生跨文化合作和交流能力,积极为学生营造国际化学习的环境与氛围,培养具有全球化视野的国际化人才。

结　语

当前,我国处于工业转型的关键时期,对于不同类型的高素质科技工程人才具有迫切需求。"新工科"的核心不仅在于发展一系列新兴的工科领域,也在于改革与完善新型的工程教育教学法。基于工程教育改革实践中对学生认知发展与工程能力培育具有重要作用的诸多因素的分析,我们建议,进一步深化高等工程教育改革,错位发展、分类建设,培育不同类型高质量工程人才;改革教学实践,推进基于项目式学习等新型教学的落实;扩大校企合作的覆盖面、优化合作方式、落实合作过程;丰富国际化活动,拓宽其辐射范围,提升工程人才的国际化素养。唯一不变的是变革本身,高等工程教育只有在不断变革中自我完善,才能真正实现服务于科技的发展,甚至引领科技的进步。

附录1 工科学生认知发展调查问卷

本问卷主要想了解您对知识、学习过程、教师角色等话题的看法和观点。请您依据自己的观点,从"完全不同意""不同意""不确定""同意"和"完全同意"五个选项中做出选择。

一、学生认知发展题项

序号	题 项	非常同意	同意	不确定	不同意	非常不同意
1	理解一门课程的关键在于学会遵循教师的思维方式。	5	4	3	2	1
2	我从不在没有把握做好的事情上花工夫。	5	4	3	2	1
3	当学生不能得出正确答案时,老师就应该将正确答案告诉学生。	5	4	3	2	1
4	我对比"A"低的成绩都不满意。	5	4	3	2	1
5	老师应该确保学生对任何问题都能做出正确的答案。	5	4	3	2	1
6	写文章时,在老师指定题目和自己选择题目这二者中,我更喜欢老师指定题目。	5	4	3	2	1
7	作为学生,如果我的学习成绩不好,那么我将一无是处。	5	4	3	2	1
8	利用课堂笔记回答作业中的问题比用课外阅读材料里的知识回答问题对我更有益。	5	4	3	2	1
9	支配人们行为的应该永远是理智,而不是感情。	5	4	3	2	1

序号	题　项	非常同意	同意	不确定	不同意	非常不同意
10	一个人一旦掌握了全部事实，他（她）就会发现每一个问题都只有一个正确答案。	5	4	3	2	1
11	考试中的问答题看上去常常可以有几种答案，但事实上任何一个问答题都只能有一个正确的答案。	5	4	3	2	1
12	如果一个教师阐明了自己对某一有争议问题的观点，我们几乎可以肯定这个老师是站在正确的立场上的。	5	4	3	2	1
13	当面临一桩有争议的事情时，比较聪明的做法是站在老师这一边，而不是卷入永无休止的辩论中。	5	4	3	2	1
14	任何新情况的发生都不会使我放弃去实现已预定的目标。	5	4	3	2	1
15	在任何辩论中，几乎总有一方的观点是正确的，而另一方的观点是错误的。	5	4	3	2	1
16	在做作业过程中，我宁愿解决那些单一的或具体的问题，而不愿解决多项的或抽象的问题。	5	4	3	2	1
17	重要问题上的分歧应该由专家来解决。	5	4	3	2	1
18	同一领域里的权威对事情的看法基本上是一致的。	5	4	3	2	1
19	好教师从不让学生对课堂上所讲主题带着任何疑问走出教室。	5	4	3	2	1
20	教师的唯一重要的职责就是将他所在领域里的事实传授给学生。	5	4	3	2	1
21	当专家观点不一致的时候，应该根据学生表达方式的好坏程度来打分。	5	4	3	2	1
22	当某问题的答案不确定时，我认为老师给学生打分有高有低是不公平的。	5	4	3	2	1
23	成绩与付出不成正比是不公平的，比如很多时候，认真完成的作业得分还不如未认真完成的分数高。	5	4	3	2	1

（续表）

序号	题　项	非常同意	同意	不确定	不同意	非常不同意
24	如果你对某一领域的知识进行深入研究，你会发现没有人理解该领域的知识。	5	4	3	2	1
25	在一些有多种观点并存的问题上，我经常弄不明白教师评价学生对这类问题的看法的标准是什么。	5	4	3	2	1
26	如果某领域的专家对某一问题的观点不一致，那么就没有人知道该问题的答案。	5	4	3	2	1
27	当专家们未能就某问题达成一致的时候，将令人感到困惑，因为我们没有办法证明哪种观点更有道理。	5	4	3	2	1
28	在学术辩论中，双方观点都有一定道理，因此，判断哪一方获胜的标准也不明确。	5	4	3	2	1
29	在撰写开放式文章时，我会考虑其他可能的观点和立场，再确定自己的立场。	5	4	3	2	1
30	我觉得我可以抽离个人情绪、从不同角度看待问题并做出判断。	5	4	3	2	1
31	我更喜欢学生参与式的课堂，在这样的课堂里，教师让学生参与到课堂组织当中。	5	4	3	2	1
32	我发现，课堂上如果让学生有机会可以把不同学科的知识联系到一起，形成一个有理有据的论证过程，这是很有帮助的。	5	4	3	2	1
33	我希望在课堂上有机会可以进行独立思考，并将课堂上讨论的问题与其他领域的研究建立联系。	5	4	3	2	1
34	当我解决问题的时候，我经常会考虑几个不同的备选方案，然后从中选择最佳方案。	5	4	3	2	1
35	如果老师没有充分证据来支持他在某些具有争议性问题上的观点，我将很难接受他的观点。	5	4	3	2	1
36	在写一篇文章过程中，我最喜欢综合各种想法。	5	4	3	2	1

（续表）

序号	题　项	非常同意	同意	不确定	不同意	非常不同意
37	我觉得，有些老师似乎在尝试培养学生以一种复杂的方式，即以同时考虑多重因素的思维方式看问题。	5	4	3	2	1
38	为了实现我的几个主要目标，我已经按照其重要性将要做的事情进行了排列。	5	4	3	2	1
39	我的日常生活是根据我拟定的长期目标安排的。	5	4	3	2	1
40	生活中我很清楚我应该干什么。	5	4	3	2	1
41	我已经从生活的几个重要目标中决定出我首先应达到哪一个。	5	4	3	2	1
42	我经常想到我的行为可能会给社会带来的影响。	5	4	3	2	1
43	如今，我把更多的时间花在努力实现我的奋斗目标上，而不仅仅是在考虑。	5	4	3	2	1
44	我已经开始主宰我自己的生活。	5	4	3	2	1
45	我已经在我生活的不同方面担负起了主要责任。	5	4	3	2	1

二、课外活动参与情况

1. 国际交流经历

A. 参与国际会议

B. 短期交流访学（3 个月及以下）

C. 短期交流访学（3—6 个月）

D. 中长期交流访学（6 个月以上）

E. 无

F. 其他

2. 我参与了企业的（实习）项目

A. 3 个月及以下

B. 3—6 个月(含 6 个月)

C. 6 个月—1 年(含 1 年)

D. 1 年—3 年(含 3 年)

E. 3 年以上

F. 无

三、人口统计学信息

(一)本科生人口统计学信息

1. 性别

A. 男　B. 女

2. 所在学院

3. 您的专业

4. 学习阶段

A. 本科一年级

B. 本科二年级

C. 本科三年级

D. 本科四年级

5. 成长背景(在进入大学之前,您生活时间最长的地方)

A. 城市(县级市及以上)

B. 乡镇

C. 农村

6. 籍贯

(二)研究生人口统计学信息

1. 性别

A. 男　B. 女

2. 所在学院

3. 您的专业

4. 在读学位

A. 硕士

B. 博士

5. 硕士学习阶段

A. 硕士一年级

B. 硕士二年级

C. 硕士三年级

D. 其他

6. 博士学习阶段

A. 博士一年级

B. 博士二年级

C. 博士三年级

D. 博士四年级

E. 博士五年级或以上

7. 成长背景（在进入大学之前，您生活时间最长的地方）

A. 城市（县级市及以上）　B. 乡镇　C. 农村

8. 籍贯

9. 本科所在学校

10. 如果已获得硕士学位，请填写硕士所在学校

11. 工作经历

A. 无；　B. 少于1年；　C. 1—3年；　D. 3—5年；　E. 5年以上

12. 婚姻状况

A. 单身　B. 已婚　C. 离异　D. 未婚但有固定伴侣

13. 子女情况

A. 有　B. 无

14. 年龄

A. 小于22；　B. 22—25；　C. 26—30；　D. 31—35；　E. 大于35

附录 2 质性访谈提纲

1. 在你的学习里,有什么特别让你难忘/印象深刻的经历呢?

2. 学习者的角色

a. 作为一名学生,在修课(课程学习)或者做研究的过程中,你觉得自己扮演了什么样的角色?

b. 这样的角色是怎么形成的?

c. 你如何理解学习观/学习? 你理解的学习的内容包括哪些?

3. 老师的角色

a. 你觉得教师、教授、导师们在你的学习中扮演了什么角色?

b. 你是如何认识到这样的角色/作用是对你比较有帮助的?

4. 同学的角色

a. 你与班级同学或研究小组成员之间什么样的互动是有助于你的学习的? 你觉得他们在你的学习中扮演了什么样的角色?

b. 你是如何认识到这样的角色/作用是对你比较有帮助的?

5. 对自己工作的评估

a. 在学习中,你的同学或老师给了你哪些类型的反馈和意见?

b. 你是如何看待这些反馈或意见的?

c. 你觉得哪些反馈或意见对你的学习有帮助?

6. 工程教育改革实践措施相关学习体验

a. 从本科到现在,你有做实验吗? 如果有,可以描述一下你做实验的过程吗?

b. 从本科到现在,你有参与暑期实践/企业实习/职业宣讲会吗? 如果有,可以简单描述一下你参与的过程吗?

c. 从本科到现在,你是否参与过科研项目/大创活动/本科生科研实践/学术交流(创业沙龙/科创沙龙/学术会议)/竞赛? 如果有,可以描述一下你参与的过程吗?

d. 从本科到现在,你有国际交流的经历吗? 可以简单描述一下吗?

7. 学习的作用

在过去的学习中,你学到了什么对你来说特别重要的东西? 为什么?

8. 成长环境的作用

在你的成长过程中,你觉得有哪些因素对你的学习有比较重要的影响?

9. 学习上的决定

过去一年中在学业上你做过什么对你来说很重要的决定吗? 你可不可以描述一下你做这些决定的过程?

10. (仅适用于在 Relativism 和 Commitment 小组的人)其他方面的决定

过去一年中,在学习以外的生活你做过什么对你来说很重要的决定吗? 你可不可以描述一下你做这些决定的过程?

11. 关于我们今天所谈论的话题,你还有其他要补充的吗?

缩略语一览

A

ABET   Accreditation Board for Engineering and Technology
美国工程与技术认证委员会

C

CDIO   Conceive、Design、Implement、Operate
构思、设计、实施、运作

CLEV   Checklist of Educational Values
教育价值测查表

E

EC2000   Engineering Criteria 2000
工程标准 2000

EPICS   Engineering Projects in Community Service
社区服务式教学项目

EUR-ACE   European Accredited Engineering Project
欧洲工程教育认证计划

L

LEP   Learning Environment Preferences
学习环境偏好测量工具

M

MER   Measure of Epistemological Reflection
认识论反思测量工具

MID   Measure of Intellectual Development
                 智力发展测量工具

N

NEET   New Engineering Education Transformaiton
                 新工程教育转型项目

O

OBE   Outcomes-Based Education
                 成果导向教育

P

PBL   Problem-Based Learning
                 基于问题的学习

PRP   Participation in Research Program
                 本科生研究计划

R

RCI   Reasoning about Current Issues Test
                 当代问题推理判断测量工具

RJI   The Reflective Judgement Interview
                 反思判断访谈工具

S

SEQ   Schommer's Epistemological Questionnaire
                 认识论信念问卷

Z

ZCDI   Zhang's Cognitive Development Inventory
                 张氏认知发展量表

参考文献

中文参考文献

［1］顾佩华,包能胜,康全礼,陆小华,熊光晶,林鹏,陈严.(2012).CDIO 在中国(上).高等工程教育研究,(03),24－40.

［2］顾佩华,包能胜,康全礼,陆小华,熊光晶,林鹏,陈严.(2012).CDIO 在中国(下).高等工程教育研究,(05),34－45.

［3］林健.(2013).卓越工程师培养——工程教育系统性改革研究.北京:清华大学出版社.

［4］林健.(2014)."卓越工程师教育培养计划"通用标准诠释.高等工程教育研究,(01),12－23.

［5］林健.(2017).面向未来的中国新工科建设.清华大学教育研究,38(02),26－35.

［6］刘儒德.(2002).基于问题学习对教学改革的启示.教育研究,(02),73－77.

［7］王婷婷,吴庆麟.(2008).个人认识论理论概述.心理科学进展,(01),71－76.

［8］朱佳斌,刘群群,莫妮卡·库克斯.(2016).认知发展理论在高等工程教育实践中的应用探析——基于留美中国工程博士认知发展的实证研究.高等工程教育研究,156(01),12－18.

［9］朱佳斌,刘群群,刘少雪,张执南.(2019).工程教育改革背景下工科学生认知发展现状与影响因素研究.高等工程教育研究,(06),58－64.

英文参考文献

［1］Baxter Magolda, M. B. (1992). Knowing and reasoning in college. San Francisco: Jossey-Bass.

［2］Baxter Magolda, M. B. (2004). Evolution of a constructivist conceptualization of epistemological reflection. Educational Psychologist, 39(1), 31－42.

［3］Belenky, M. F., Clinchy, B. M., Goldberger, N. R., & Tarule, J. M. (1986). Women's ways of knowing: the development of self, voice and mind. New York: Basic Books.

［4］Creswell J, W. (2012). Educational research: planning, conducting, and evaluating quantitative and qualitative research. England: Pearson College Division.

［5］Culver, R. S., & Hackos, J. T. (1982). Perry's model of intellectual development. Engineering Education.

［6］Fago, G. C. (1995). A scale of cognitive development: validating Perry's scheme. Higher Education.

[7] Felder, R. M. , & Brent, R. (2004). The intellectual development of science and engineering students. part 2: teaching to promote growth. Journal of Engineering Education, 93(4),279 – 291.

[8] Felder, R. M. , & Brent, R. (2005). Understanding student differences. Journal of Engineering Education, 94(1),57 – 72.

[9] Felder, R. M. , & Brent, R. (2009). Active learning: An introductio. ASQ Higher Education Brief, 2(4),1 – 5.

[10] Felder, R. M. , Brent, R. , & Prince, M. J. (2011). Engineering instructional development: Programs, best practices, and recommendations. Journal of Engineering Education, 100(1),89.

[11] Hofer, B. K. , & Pintrich, P. R. (1997). The development of epistemological theories: beliefs about knowledge and knowing and their relation to learning. Review of Educational Research, 67(1),88 – 140.

[12] Hofer, B. K. (2001). Personal epistemology research: implications for learning and teaching. Educational Psychology Review, 13(4),353 – 383.

[13] Hofer, B. K. (2004). Epistemological understanding as a metacognitive process: thinking aloud during online searching. Educational Psychologist, 39(1),43.

[14] King, P. M. , & Kitchener, K. S. (1994). Developing reflective judgment: understanding and promoting intellectual growth and critical thinking in adolescents and adults. San Francisco: Jossey-Bass Higher and Adult Education Series.

[15] King, P. M. , & Kitchener, K. S. (2004). Reflective judgment: theory and research on the development of epistemic assumptions through adulthood. Educational Psychologist, 39(1),5 – 18.

[16] Kuhn, D. (1991). The skills of argument. England: Cambridge University Press.

[17] Kuhn, D. (2001). How do people know? Psychological Science, 21(1),1 – 8.

[18] Marra, R. M. , Palmer, B. , & Litzinger, T. A. (2000). The effects of a first-year engineering design course on student intellectual development as measured by the Perry scheme. Journal of Engineering Education, 89(1),39 – 46.

[19] Marra, R. , & Palmer, B. (2004). Encouraging intellectual growth: senior college student profiles. Journal of Adult Development, 11(2),111 – 122.

[20] Marra, R. (2005). Teacher beliefs: The impact of the design of constructivist learning environments on instructor epistemologies. Learning Environments Research, 8(2), 135 – 155.

[21] Moore, W. S. (1989). The learning environment preferences: exploring the construct validity of an objective measure of the Perry scheme of intellectual development. Journal of College Student Development, 30(6),504 – 14.

[22] Palmer, B. , & Marra, R. M. (2004). College student epistemological perspectives across knowledge domains: a proposed grounded theory. Higher Education, 47, 311 – 335.

[23] Pavelich, M. J. (1996). Helping students develop higher-level thinking: use of the Perry model. Paper presented at the meeting of the Frontiers in Education Conference.

[24] Pavelich, M. J. , & Moore, W. S. (1996). Measuring the effect of experiential education using the Perry model. Journal of Engineering Education, 85(4),287 – 292.

[25] Perry, W. G. (1970). Forms of intellectual and ethical development in the college

years: a scheme. New York.

[26] Wise, J. C. , Sang, H. L. , Litzinger, T. , Marra, R. M. , & Palmer, B. (2004). A report on a four-year longitudinal study of intellectual development of engineering undergraduates. Journal of Adult Development, 11(2),103 – 110.

[27] Zhang, L. F. (1995). The construction of a Chinese language cognitive development inventory and its use in a cross-cultural study of the Perry scheme. The University of Iowa.

[28] Zhang, L. F. (1999). A comparison of U. S. and Chinese university students' cognitive development: the cross-cultural applicability of Perry's theory. The Journal of Psychology, 133(4),425 – 439.

[29] Zhang, L. F. , & Watkins, D. (2001). Cognitive development and student approaches to learning: an investigation of Perry's theory with Chinese and U. S. university students. Higher Education, 41(3),239 – 261.

[30] Zhang, L. F. (2004). The Perry scheme: across cultures, across approaches to the study of human psychology. Journal of Adult Development, 11(2),123 – 138.

[31] Zhu, J. , & Cox, M. F. (2015). Epistemological development profiles of Chinese engineering doctoral students in U. S. institutions: an application of Perry's theory. Journal of Engineering Education, 104,345 – 362.

[32] Zhu, J. , Liu, Q. , Cox, M. F. , & Hu, Y. (2015). Validation of an instrument for Chinese engineering students' epistemological development. International Journal of Chinese Education, 4(2),135 – 161.

[33] Zhu, J. , Yang, B. , Liu, Q. , & Chen, B. (2015). International summer programs: an innovative learning platform in a Chinese context. In J. A. Rhodes, & M. M. Tammy (Eds), Advancing teacher education and curriculum development through study abroad programs. IGI Global Press.

[34] Zhu, J. , Liu, R. , Liu, Q. , Zheng, T. , & Zhang, Z. (2019). Engineering students' epistemological thinking in the context of project-based learning. IEEE Transactions on Education, 62(3),188 – 198.

[35] Zhu, J. (2017). Understanding Chinese engineering doctoral students in U. S. institutions. USA: Springer.

[36] Zhu, J. , & Zhang, G. (2020). One Belt One Road: an opportunity for Chinese engineering education to go global? In Wende M, Kirby W C, Liu N C, & Marginson S. (Eds). China and Europe on the New Silk Road: connecting universities across Eurasia. Oxford University Press.

术语索引